湖南省教育科学"十三五"规划研究基地重大资助专项课题"我国高校跨学科人才培养的学科组织困境及消解机制研究"（项目编号：XJK20ZDJD02）阶段性成果。

光明社科文库
GUANGMING DAILY PRESS:
A SOCIAL SCIENCE SERIES

·教育与语言书系·

新时代高等教育改革 与发展问题研究

张晓报 | 著

光明日报出版社

图书在版编目（CIP）数据

新时代高等教育改革与发展问题研究 / 张晓报著
. -- 北京：光明日报出版社，2024.4
ISBN 978 - 7 - 5194 - 7919 - 0

Ⅰ.①新… Ⅱ.①张… Ⅲ.①高等教育—教育改革—
研究—中国 Ⅳ.①G649.21

中国国家版本馆 CIP 数据核字（2024）第 083251 号

新时代高等教育改革与发展问题研究
XINSHIDAI GAODENG JIAOYU GAIGE YU FAZHAN WENTI YANJIU

著　者：张晓报

责任编辑：李壬杰　　　　　　　　责任校对：李　倩　李海慧
封面设计：中联华文　　　　　　　责任印制：曹　净

出版发行　光明日报出版社
地　　址：北京市西城区永安路 106 号，100050
电　　话：010-63169890（咨询），010-63131930（邮购）
传　　真：010-63131930
网　　址：http://book.gmw.cn
E - mail：gmrbcbs@ gmw.cn
法律顾问：北京市兰台律师事务所龚柳方律师
印　　刷：三河市华东印刷有限公司
装　　订：三河市华东印刷有限公司
本书如有破损、缺页、装订错误，请与本社联系调换，电话：010-63131930
开　　本：170mm×240mm
字　　数：180 千字　　　　　　　印　　张：12.5
版　　次：2024 年 4 月第 1 版　　　印　　次：2024 年 4 月第 1 次印刷
书　　号：ISBN 978 - 7 - 5194 - 7919 - 0
定　　价：85.00 元

代　序

张晓报博士的专著《新时代高等教育改革与发展问题研究》即将由光明日报出版社出版，作为他的导师，我欣然应邀为其作序。

晓报是我的硕士研究生，从读研开始明确了学术志向。读博以后，他逐渐找到做学术的感觉，博士毕业以后更是坚持从事学术研究与写作。近几年，他除了在跨学科人才培养这一研究领域深耕，还陆续在中国科学院主管的《中国科学报》等国家级报刊以及中国教育科学研究院主办的《教育文摘周报》微信公众号等新媒体上，围绕我国高等教育改革与发展的现实问题发表了三十余篇小文章。

党的十八大以来，我国高等教育规模不断扩大，建成了世界最大规模的高等教育体系，然而当前我国高等教育的质量与水平却与世界发达国家的高等教育有一定差距，在高质量发展的进程中尚有理念更新、机制优化、模式改革、资源配置方式变革等很多现实问题亟待解决。晓报立足于高等教育研究者和大学教师双重角色，从自身学术兴趣出发，基于长期研究和日常体验，对这些问题进行了较为系统的思考，这三十余篇文章就是其思考的结晶。总体而言，这本书主要有以下几个特征：

第一，宏观与微观相结合。本书既关注高等教育强国建设、学科专业建设、跨学科人才培养体制机制改革、教师教育体系建设等宏大命题，亦讨论了专业认证、课程教学、学生转学、毕业典礼等具体问题。2015 年 6 月，在潘懋元高等教育思想研讨会暨从教 80 周年庆祝会上，潘懋元先生针对当前高等教育研究过于关注宏观的理论研究、政策研究的问题，提出要更加重视课程、教材、教法等微观高等教育研究，将微观的高等教育研究与宏观的高等教育研究并重。从书稿来看，作为厦大高教学子，晓报无疑记住了潘先生这句提醒。

第二，热点话题与经典话题相结合。本书既有对"双一流"建设、学科交叉与交叉学科、新时代劳动教育等热点话题的关注，亦有对大楼与大师、人才培养质量、教师教育等经典话题的思考。由此可以看出，晓报关注高等教育改革与发展的现实，但并没有一味地关注热点，而是对那些并没有得到很好解决的现实问题进行了持续的探究。例如，尽管大学生就业问题及其对人才培养的影响为很多学者所关注，但他能够进一步认识到就业率通过毕业率这一中介对人才培养质量产生较为深刻的影响，无疑反映出其具有一定的现实关怀和学术思考。

第三，集中与分散相结合。这本书是晓报自由思考、不断积累的结果，它集中在"大学与大师""大学学科与专业建设""大学课程、教学与学习""跨学科人才培养模式与机制""教师教育与研究生教育""大学仪式与活动"六个方面，阐述的主要是新时代以来高等教育改革与发展的一些现实问题。尽管本书不是一本严格意义上的学术专著，没有像其第一本专著《美国研究型大学跨学科人才培养模式研究》那么系统聚焦，颇有一点学术散文的味道，但这恰恰是本书的一个优长，反映出作者并没有仅仅局限在其重点关注的跨学科人才培养研究这一领域，而是具有较为广泛的学术兴趣和浓厚的学术热情。

　　总体来看，本书收录的文章虽然还略显稚嫩，但却不乏较为独到的个人见解。难能可贵的是，这些文章不是外在压力下的应景之作，而是学术志趣和学术责任的自然表达，这正是一个青年学者最难得的品质。如若假以时日，我有充分理由相信，晓报一定可以出更多更好的精品力作。

　　基于以上原因，我愿意把这本书推荐给大家，同时也希望晓报能够围绕高等教育改革与发展的重点问题继续思考，为推进我国高等教育高质量发展做出一定的贡献，并在这一过程中不断找寻高等教育研究和自我成长的意义！

余小波

2023 年 8 月 21 日

目 录
CONTENTS

第一篇

01

大学与大师

高等教育强国建设，需要更多精致的大学①

2015 年 10 月，我国做出了建设世界一流大学和一流学科，实现从高等教育大国到高等教育强国历史性跨越的重大战略决策。② 2017 年 9 月，世界一流大学和一流学科建设高校及建设学科名单公布，涉及一流大学建设高校 42 所、一流学科建设高校 95 所。③ 然而，若要提升整个中国高等教育的实力和水平，仅依靠"双一流"建设高校还远远不够。换而言之，"双一流"不应局限于那些瞄准、冲击世界一流的大学，所有大学都应胸怀梦想，在自身基础上追求卓越，向"一流"迈进。这需要转变发展思路，从粗放走向精致，成为精致的大学。

那么，究竟什么样的大学才是精致的大学？所谓精致，是指精巧、细致④，细密、精细⑤。就大学而言，精致是其从外在形态、行为体现到内

① 2020 年 1 月 14 日发表于"一读 EDU"。
② 国务院. 关于印发统筹推进世界一流大学和一流学科建设总体方案的通知［EB/OL］. 中华人民共和国教育部政府门户网站，2015-10-24.
③ 教育部 财政部 国家发展改革委. 关于公布世界一流大学和一流学科建设高校及建设学科名单的通知［EB/OL］. 中华人民共和国教育部政府门户网站，2017-09-21.
④ 中国社会科学院语言研究所词典编辑室. 现代汉语词典［Z］. 北京：商务印书馆，2005：722.
⑤ 夏征农，陈至立. 辞海：第六版缩印本［Z］. 上海：上海辞书出版社，2010：959.

在追求都不可或缺的要素，一所精致的大学必然会在这些方面显现出"精致"的特征。

一、优美环境与精美建筑："精致"的外在形象

优美的环境、精美的建筑是一所精致大学的外在形象，也是给人留下的最初印象。作为教育的要素之一，环境不仅对外直接展现大学的形象和文化氛围，而且对置身其中的人间接产生潜移默化的影响。这些影响主要表现在对大学中人的性情陶冶、品行历练、情趣培养和潜能激发等方面。[①]正如苏霍姆林斯基所说："学校的物质基础是对学生精神世界施加影响的手段。"[②]

基于环境的重要意义，精致的大学非常重视环境的营造，它们通过对校园各种物质形态的整体规划、科学设计和合理配置，把校园构建成自然和谐、错落有致的园区，形成各种美的实体形象与蕴涵其中的文化神韵。[③]因此，凡是精致的大学，环境往往都非常优美，如湖光塔影的燕园、水木清华的清华园、湖光山色的武大校园和依山傍海的厦大校园。

进一步来说，精致不是粗陋和潦草，不是个别和片面。因此，精致的大学在环境上不是敷衍了事，也不只是个别地方精致，而是用心营造每一处，做到细小之处、幽僻之处都精致、精美。其给予人的，不只是大学的圣洁之美，还包括大学人一丝不苟的精神感染。

广义而言，建筑也属于大学环境的一部分，但更偏重于人文景观。大学建筑是"大学的历史见证、实力见证和办学理念见证。从大学的建筑

---

① 王少安. 大学环境文化及其育人功能［J］. 中国大学教学，2008（12）：11-13.
② 刘长锁. 环境化人，美育育心［N］. 光明日报，2015-11-24（15）.
③ 王少安. 大学环境文化及其育人功能［J］. 中国大学教学，2008（12）：11-13.

中，可以看出它的历史与文化，乃至精神和气质"①。因此，精致的大学在建筑上也有所反映：外观上庄重大气、朴实美观，很好地体现了大学作为学术殿堂的神圣与崇高。如当人们走进欧洲许多世界名校的院落或大楼时，无不感受到一种唯有学府才特有的知识殿堂的庄严、肃穆和凝重。那里的每一个廊柱，每一个雕像，每一张布告，都散发出它的品味、历史和身份；② 在内部设计上，注重通过建筑结构更好地促进教学与科研。例如，麻省理工学院认为工作环境会刺激和孕育协同合作，没有协作，某些研究课题根本无法完成。所以，大学应努力为学者们构建一个便于交流的空间。目前，麻省理工学院的一些建筑就体现了这样的设计理念，如大卫·科赫综合癌症研究所（Koch Institute for Integrative Cancer Research，KI）将生物学家和工程师置于同一个屋檐下，以便研究癌症的科学家和寻找治疗方法的研究者开展合作。③ 由此可见，相比于形式和外观，建筑的内部结构更能体现大学的理念和匠心。

二、精细化的管理与服务："精致"的行为体现

从行为层面看，大学的精致突出表现为精细化的管理与服务。所谓精细化的管理与服务，并非某种具体管理模式和方法，而是倡导凡事应坚持一种认真的态度和科学的精神，坚持"没有最好、只有更好"的理念，提倡人们养成用心做事、重视细节、把小事做细、把细事做透的良好职业态

---

① 邬大光. 大学与建筑的随想 [N]. 光明日报，2014-04-28（16）.

② 居安平，傅祖浩. 环境育人与泡菜理论 [J]. 科学与管理，2007（1）：66-67.

③ 彼得·迪奇克斯. 麻省理工学院经久不衰的秘密 [EB/OL]. 搜狐网，2017-05-04.

度和职业习惯。① 大学的学术机构属性决定了教师与学生是大学管理与服务的核心主体。调动教师和学生的积极性和主动性，为他们创造人尽其才、才尽其用的环境条件，是大学管理的重要任务。②

面向教师，精细化的大学管理与服务主要体现在以下方面：第一，教师的主体地位得到充分尊重和体现。依靠教师办学、治校，将教师视为管理的主人和服务的对象，而非管理和控制的对象;③ 第二，教师享受到周到、细致的服务，从而能够更好地专注于教学与科研。精致的大学把更多的时间和精力放在为教师创造条件和解决困难上，使他们的好奇心、原动力得以持续。④ 同时，又"站在教师的角度上，努力减少教师时间消耗，让教师们能把更多的时间用在教学和科研方面"⑤。如复旦大学白彤东教授曾撰文回忆，在其曾经供职的美国泽维尔大学（Xavier University）哲学系，教师如要复印与教学相关的课程大纲和阅读材料，只需将材料留在几个系共用的服务中心，交给工作人员处理，自己到时去取即可。⑥ 可以说，正是凭借在教师管理与服务方面的精致，一些大学才解放了教师的教学与科研生产力，从而走向了一流。

就学生而言，精细化的管理与服务主要体现为聚焦学生的学业及其保障，充分考虑并高水准地满足学生的合理需求。首先，聚焦于学业。由于

---

① 杨显贵，张昌民. 精细化管理与大学管理精细化 [J]. 上海管理科学，2008（2）：82-85.
② 周济. 大学发展与科学管理 [J]. 中国高等教育，2007（5）：9-17.
③ 张应强，康翠萍，许建领，等. 大学管理思想现代化研究 [J]. 高等教育研究，2001（4）：40-48.
④ 姜天海，郑千里. 中国科大掌门人侯建国：走向世界一流大学的"变"与"不变" [J]. 科学新闻，2013（11）：43-45.
⑤ 温才妃. 报销：缺位的高校服务 [N]. 中国科学报，2018-03-20（5）.
⑥ 白彤东. 中美教师待遇之比较 [EB/OL]. 搜狐网，2016-04-02.

大学是专门的高等教育机构，学生是以学习为主要任务的群体，所以大学的学生管理与服务主要以学生学业为核心。例如，学术事务服务体系是美国大学最大的服务体系。其中，学术事务服务部门有专职的学术辅导教师，他们从新生入学开始就为学生提供学术指导，开设新生体验课，帮助学生制订学习规划、选择专业等。① 其次，关注学业保障。学生能否安心于学业，实现最大程度的学业进步，并非只受学业本身的影响，还取决于大学是否提供了有力的保障。如英国雷丁大学（University of Reading）除为学生提供学业辅导以外，还提供心理健康、就业指导、助学贷款、残障服务、朋辈支持、住宿事务、学生福利、签证移民，甚至子女托管、宗教服务等一系列服务内容。② 再次，提供高水准服务。高水准不仅体现为流程的便捷，还体现为人性化的服务方式。如中国科学技术大学针对贫困生出台了"隐形资助"政策。该校通过程序监测每个学生的校园卡在食堂的消费情况，如果月消费低于 200 元，学校就会悄悄把补助打入卡中。③ 与贫困学生上台演讲竞争资助资格的传统做法相比，"隐形资助"将关爱与尊重相结合，低调而又温馨，可以让贫困学生更有尊严地享受资助并安心于学习，无疑是一种用心的做法。由此可见，精致的大学不仅表现为水平一流，也表现为管理一流、服务一流。

三、高质量与个性化的教育："精致"的核心追求

　　大学的根本职能和中心工作，决定了高质量与个性化的教育是精致大

---

① 刘兴友. 以学生学业为核心的美国大学教育服务体系及启示［J］. 世界教育信息，
2016（4）：51-55.

② 王洛忠，陈江华. 服务与支持：英国里丁大学学生事务管理体系探微［J］. 教育研
究，2017（2）：152-156.

③ 朱昌俊. 隐形资助体现大学人文关怀［N］. 光明日报，2017-07-21（2）.

学的核心追求。高质量教育是能够促进学生全面、深刻发展，使学生在原有基础上实现更大进步或"增值"的人才培养活动。其中，"全面"是指大学教育致力于整全人的培养，提供的教育内容覆盖面广，能够实现学生的完整发展；"深刻"是指大学本身即为探究高深学问之所，它提供的教育也应是深刻的：教育内容不停留于知识的表面，而是深入事物的内在和本源；不停留于知识本身，而是注重挖掘知识背后的思想、思维与精神。

高质量的教育最终反映在毕业生质量及学生毕业以后的发展状况上。从生成路径来说，鉴于课程是实现学校教育目标的主要手段和媒介，所以课程质量高低也就成了教育质量能否得到保证的关键。其中，高质量的课程可称之为"金课"，它具备高阶性、创新性强和挑战度高等特点。[①] 因为"金课"具有这些特点，学生通过课程教学所能实现的收获和增进也就更大。进一步来说，大学是高等教育系统的主要组成单元，高等教育的功能主要通过大学的人才培养工作来实现，大学的人才培养工作状况直接影响高等教育功能的发挥程度。[②] 由此可见，每一所大学的教育质量是整个高等教育质量的根基。要想提升我国高等教育的整体质量，必须推动每一所大学提升以课程质量为基础的教育质量。

所谓个性化教育，是指大学教育充分尊重学生的个性差异，并满足其个性化发展需求。具体而言，个性化教育主要体现为以下方面：

宏观上，大学拥有个性化的培养理念，并制订了相应的培养制度和培养模式。例如，美国研究型大学之所以在传统的专业教育之外提供跨学科

---

① 曹建. 教育部高教司司长吴岩：中国"金课"要具备高阶性、创新性与挑战度 [EB/OL]. 中华人民共和国教育部政府门户网站，2018-11-29.
② 别敦荣. 论高等教育内涵式发展 [J]. 中国高教研究，2018（6）：6-14.

教育，重要原因就在于他们重视学生个性化和多样化的学术兴趣和发展需要。① 在多种跨学科教育方式中，最具个性化的是"个人专业"（individual/individualized major），即如果大学现有的、已制订的所有主修专业都无法满足学生的学术兴趣和发展需要，学生可通过学校提供的机会，制订个性化的主修专业。例如，伊利诺伊大学香槟分校认识到不可能预料或指定所有的学习领域，于是创办了一项额外的、实验性的主修专业，即"个人学习计划"（Individual Plans of Study Major）。

中观上，大学的课程体系富有选择性。课程体系的选择性不仅体现在课程门数上，还重点体现在一定的课程门数之下，学生选择的空间有多大。总体而言，一流大学的选修课比例往往都比较高，如哈佛大学、斯坦福大学、耶鲁大学等世界一流大学的选修课比例在50%左右。②

微观上，精致的大学在教学上超越常见的大班化和传统的灌输式教学，给予学生充分表达和锻炼的机会以及更加细致、更具针对性的指导。例如，美国大学的教学班级规模一般控制在20到30人；在教学方法上，教师大都在使用讲授法的同时，穿插使用答疑、小组工作、读书报告、社会调查、实习、实验等其他方法，以确保师生之间进行充分的问答交流。③需要强调的是，精细的教学并不意味着教师事无巨细、包办代替，而是尊重学生的主体性，充分发挥教师引导、鼓励和指导的责任，做到"道而弗牵，强而弗抑，开而弗达"④。

---

① 张晓报. 论美国研究型大学跨学科人才培养理念 [J]. 高等理科教育，2016（2）：53-58.

② 邬大光. 本科教育需要更深入更全面的改革 [N]. 科学时报，2008-08-19（8）.

③ 别敦荣. 美国大学教育观察 [J]. 中国大学教学，2002（12）：41-45.

④ 高时良. 学记评注 [M]. 北京：人民教育出版社，1982：3.

四、结语

要提升我国高等教育的整体实力，除了推动"双一流"高校建设以外，还需要每一所大学都"精致"起来。"一所大学若能把份内的事情做到极致，再把全国所有大学的能力和贡献叠加起来，中国高等教育就是最好的整体。"① 因此，每一所大学都应认识到自身的主体责任，本着提升个体发展水平和我国高等教育整体实力的双重目的，践行精致的办学理念和办学追求。

① 姜天海，郑千里．中国科大掌门人侯建国：走向世界一流大学的"变"与"不变"[J]．科学新闻，2013（11）：43-45.

高教强国建设时代，如何让大学走向"精致"①

前文笔者从外在形象、行为体现和核心追求三个方面论述了"精致的大学"的主要特征。然而，理论是理论，现实是现实。由于我国高等教育发展的阶段性和特殊性以及大学自身精致办学的精神与能力缺失，当前我国很多大学仍存在粗放式发展的问题，在诸多方面离"精致的大学"这一理想图景还有一定差距。为此，除了胸怀理想，我国大学还应从实践层面走向"精致"。

一、基于教学与科研职能，打造精美环境与精品建筑

一是从大学教学与科研职能履行的角度打造校园环境与建筑。大学是探索、传播和保存真理之所。与其他建筑类别相比，大学建筑在审美、结构、功能上要求更高，于实要充分实现建筑的基本功用，于虚则应融通大学办学的理念。② 以德国大学建筑为例，从柏林大学开始，现代大学不但要完成教学任务，也具备了科研职能。于是，使教学科研两项职能通过建

---

① 2020 年 1 月 21 日发表于"一读 EDU"。
② 张新科. 彰显现代高等教育办学理念的德国大学建筑 [J]. 南京理工大学学报（社会科学版），2005（6）：61-64.

筑形式得到统一，促使两者相辅相成、相得益彰，成为大学建筑所追寻的目标。20世纪60年代，德国大学出现了一体化建筑模式，即以规模小的学校或规模大的学校中的一个系为单元整体，把学习、教学、办公、科研、实验室、科技开发集中置于一座建筑内，按功能分区设计，各功能区有序结合，浑然成为一个独立的办学整体。在此模式下，建筑的中心地带是教学区，从而突出了教学作为大学最古老、最根本任务的地位，而科研实验区则环绕教学区，形成支撑和辅助态势。① 这给我们的一个启示无疑是，大学应从教学和科研的功能需要出发，进行环境和建筑的设计。

二是凸显大学作为文化机构和学术殿堂的高品位、高水准。大学环境与建筑是大学文化品位的象征和大学精神的载体，特别是大学建筑对大学的文化品质、理想和追求、历史风格、声望印象具有特殊意味的表现作用。② 因此，大学环境与建筑要凸显大学作为文化机构和学术殿堂的高品位、高水准，注重"物质、精神、艺术三重内涵"③。然而，要同时做到这几点往往不易，因为在校园建设上有话语权的大学校领导并非都有很高的审美素养。为此，校园建设应从个别领导拍板转向集体决策，以避免领导个人审美偏差对大学建筑的负面影响。同时，还应从传统外行决断转向寻求专业帮助，即认识到校园环境与建筑的营造是一项非常专业性的事务，应该有专业人士参与谋划。

三是以工匠精神进行审慎设计、精致营造。大学需以工匠精神，将高

---

① 张新科. 彰显现代高等教育办学理念的德国大学建筑［J］. 南京理工大学学报（社会科学版），2005（6）：61-64.

② 计旭东. 大学建筑文化特色的建设与思考［J］. 中国高等教育，2001（23）：43-44.

③ 陈捷. 论大学建筑文化对大学生的教育功能［J］. 高等建筑教育，2005（3）：22-24.

品位、高水准的精美环境和精品建筑设计和营造落实到位。所谓工匠精神，就是追求极致，并且专业、专注的精神。① 从现实而言，一些大学营造出的环境和建筑之所以不理想，原因就在于简单地满足于有花有草有树，而没有对其数量、品种、布局、式样等进行专门设计；同时又只是低水平地满足于有教学楼、宿舍楼、行政楼等各式建筑，而对建筑外观、色彩、材料、内部结构等要素不重视。

二、回归大学的学术本质，提供优质管理与细致服务

一是回归大学的学术本质。"大学为纯粹研究学问之机关，不可视为养成资格之所，亦不可视为贩卖知识之所。"② 大学的本质决定了其使命是追求和传播真理，主体是大学教师和学生，基本活动是学术活动。是否能够为师生的学术行为提供有力支持，直接关系大学学术使命的履行效果。所以，为师生提供优质管理与服务是大学作为学术机构的必然要求。同时，考虑大学师生尤其教师是学术专门人员，为其提供优质管理与服务，实质上也是尊重知识、尊重人才，从而激发和保持其学术积极性的内在要求。

二是充分尊重师生的主体地位。对大学的准确定性与定位关系学术权力与行政权力的关系，关系大学管理作为学术管理的性质，关系大学内部体制和机制的转变。③ 大学的学术性质决定了大学以学术为尊，以师生为主体。唯有如此，优质的管理与服务才能成为可能，而真正认识这一点的

---

① 付守永. 工匠精神：向价值型员工进化［M］. 北京：中华工商联合出版社，2015：1-19.

② 高平叔. 蔡元培教育论著选［M］. 北京：人民教育出版社，2011：169.

③ 张应强. 把大学作为学术组织来建设和管理［J］. 中国高等教育，2006（19）：16-18.

大学无疑会落实学术的崇高和师生的主体地位。如张楚廷教授任湖南师范大学校长期间，坚决不担任学术委员会、学位委员会等学术机构的领导职务，同时又将"平等""尊重"列入机关作风标语之中。①

三是尊师爱生，周到服务。优质管理与服务围绕教师、学生及学术活动来进行。从情感和态度而言，优质管理与服务就是要尊敬、爱护教师和学生，特别是对与师生联系紧密的事务，不仅要提供及时、有效的支持和帮助，而且要做到言行举止热情、有礼。从行动而言，优质管理与服务就是要想师生之所想，急师生之所急，如教师报账难、学生宿舍没有空调等问题在不少大学都存在，但如果大学能切实站在师生立场，这些问题就不会一直得不到解决。除了内容全面之外，周到服务的另一个要义是方便、快捷，如目前一些大学实施的网络报账方式不仅简化了报销流程，省去了师生排队等候的时间，还可以在一定程度上避免师生怨声载道、财务工作人员苦不堪言的问题。

三、实现高等教育内涵式发展，提升教育教学的品质

一是充分认识从外延式发展转变为内涵式发展的重要性。要从粗放与统一的教育走向高质量与个性化的教育，本质上涉及大学发展方式的转变。当前我国高等教育总体规模已居世界第一，正由大众化向普及化阶段快速迈进。随着教育机会问题逐渐转化为教育质量问题，在当前及未来很长一段时间内，人民大众对高等教育的需求将从接受高等教育转为接受优质高等教育，高等教育的主要矛盾也将随之转变为人民日益增长的对优质高等教育的需求与当前高等教育总体发展水平不充分之间的矛盾。在这个

---

① 张楚廷. 漫漫人生路：教育与我［M］. 重庆：西南师范大学出版社，2017：8.

背景下，树立精致的办学理念，"改变学校一味依赖扩大规模、依赖办学升格、依赖外延式发展模式的现象，侧重提高质量，尤其是提高教育教学质量"①，实现高等教育内涵式发展，无疑十分迫切。对大学本身而言，大学实力主要取决于办学水平而非办学规模。从大学的根本职能来说，要提升办学水平就是要努力提升教育教学的品质，避免一般水平和质量的教育。

二是做好以教育教学质量提升为核心的培养方案和保障机制的设计与实施工作。培养方案事关学生在整个大学教育阶段的受教育过程，直接影响教育教学质量，而且受制于路径依赖的关系，培养方案一旦制订，其影响将是持续性的。因此，大学应慎重制订培养方案，特别是课程体系的设计方案。从保障机制而言，课堂教学是教学计划的主体，是实践教学的基础，是提高高等教育质量的关键。因此，大学应致力于提升课堂教学质量，在教师评价机制、教师压力防控机制、教师教学发展和学生学业咨询机制、学生学业考评机制、班级规模防控机制等方面给予系统保障，努力将"水课"打造为"金课"。

三是树立个性化的教育理念，建构个性化的教育模式。精细化的教育在理念上重视满足学生个性化的学术兴趣与发展需要，在模式上注重建立双主修、主辅修、双学位、"个人专业"等丰富多样的具体形式，满足学生个性化的学习需求。② 当然，我国高等教育在学人口庞大，实施个性化教育对我国大学而言是一项重大挑战。然而在现有条件下，大学仍可在一定范围内做出一定的改革，如放宽转专业限制、增加课程体系弹性、先从

① 周杨. 内涵式发展要在专业、课程、教学上下功夫——访厦门大学潘懋元先生［J］. 中国大学教学，2018（1）：46-50.

② 张晓报. 独立与组合：美国研究型大学跨学科人才培养的基本模式［J］. 外国教育研究，2017（3）：3-15.

专业课着手进行小班化教学改革等。同时，要想从粗放办学走向精致办学，大学还应努力改善乃至创造一定的条件，如控制学生规模，增加教师数量，从而降低生师比；控制总学分，精简课程门数和学时，从而走向少而精的教学。

　　总之，"不同类型的高校各有所长，都有争创一流的潜质。传统学术性研究型大学可以办成世界一流大学，在某些领域具有特色的应用型大学同样有望办成世界一流大学"①。从精致的视角来看，当前大学要实现"一流"，必须努力从粗放办学走向精致办学，从而提升自身的办学水平，进而通过大学个体的发展推动我国高等教育整体实力的提升和高等教育强国目标的实现。

---

　　①　潘懋元，贺祖斌．关于地方高校内涵式发展的对话［J］．高等教育研究，2019（2）：34-38.

再识大楼与大师——重温梅贻琦就职演说①

　　大学的发展受制于诸多因素，其中最根本的内在因素无疑是师资。关于师资的重要性，教育学界和教育一线多有论述，但最为经典、最为人熟知的，当属梅贻琦1931年在就职清华大学校长演说中所说的那句"所谓大学者，非谓有大楼之谓也，有大师之谓也"②。关于这句话是否容易让人产生误读，读读演说原文便可知晓，但对大楼与大师的关系，从大学发展的现实角度，实有再探讨的必要，尤其是在高等教育的主要任务和发展方式从以规模扩张和空间拓展为特征的外延式发展，向以提高质量和优化结构为核心的内涵式发展转变的今天，重读梅贻琦校长的就职演说，再识他的"大楼"与"大师"说，有着重要的意义。

一、大师相比大楼更重要

　　梅贻琦在演说中说："我们要向高深研究的方向去做，必须有两个必备的条件，其一是设备，其二是教授。设备这一层，比较容易办到，我们

① 2019年11月8日发表于"中国社会科学网"。
② 梅贻琦．就职演说［M］∥眭依凡．学府之魂：中外著名大学校长教育理念．南昌：江西教育出版社，2001：25-26.

只要有钱，而且肯把钱用在这方面，就不难办到。可是教授就难了。"① 由此可以看出，梅贻琦的这句经典论断并没有否定包括大楼在内的硬件的作用。只不过从难易程度来说，大师的罗致远远要比大楼的营建困难得多。因为教师，尤其是大师级的人物，数量总是有限的，而且他们往往看重的是学术平台、学术环境和学术氛围，这是一般大学难以给予的。

对于大师的重要性，还可以从以下两个方面进行分析。

其一，大学存在的依据。作为大学人才培养、科学研究和社会服务三大职能的主要承担者，没有教师，大学的职能就无法履行，大学也将无以为继。以人才培养为例，梅贻琦认为，学生的"智识，固有赖于教授的教导指点，就是我们的精神修养，亦全赖有教授的 inspiration"②。

进一步来说，如果让大学保留几个关键要素，那教师与学生无疑是其中最关键、最不能舍弃的两个。事实上，在特定的历史时期或不同的发展阶段，大学往往面临多个要素无法同时具备或同时优质的办学境遇。比如，在抗日战争时期，厦门大学西迁长汀，当时条件艰苦，学校以长汀文庙为办公场所，借一座破楼做女生宿舍，租长汀饭店给教授安身栖息。校长萨本栋一家则住在仓颉庙，仅卧室和饭厅两间。③ 然而，即使在这样艰苦的办学条件之下，厦门大学仍然在坚持办学，仍然可以称之为大学。经过师生员工的苦心经营，抗战期间的厦门大学不仅没有被战争摧毁，反而进一步发展壮大，取得了显著的办学成绩：由刚迁至长汀时的 3 院 8 系、83 名教师、284 名学生，发展到抗战胜利时的 4 院 15 系、94 名教授和副

① 梅贻琦. 就职演说 [M]//眭依凡. 学府之魂：中外著名大学校长教育理念. 南昌：江西教育出版社，2001：25-26.
② 梅贻琦. 就职演说 [M]//眭依凡. 学府之魂：中外著名大学校长教育理念. 南昌：江西教育出版社，2001：25-26.
③ 吴尔芬. 厦门大学在长汀 [EB/OL]. 搜狐网，2013-05-28.

教授、1044 名学生。① 反之，一旦大学没有了包括大师在内的广大教师，没有了学生，即使拥有富丽堂皇、设施一流的大楼也无法称之为大学。因此，包括大师在内的教师是大学得以存在的根本之一。

其二，作用力。地以人重，校以师重。梅贻琦言道："一个大学之所以为大学，全在于有没有好教授。"② 与梅贻琦同一时期的浙江大学校长竺可桢，也在 1936 年的就职谈话中说道："一个学校实施教育的要素，最重要的不外乎教授的人选，图书仪器等设备和校舍建筑。这三者之中，教授人才的充实，最为重要。教授是大学的灵魂，一个大学学风的优劣，全视教授人选为转移。假使大学里有许多教授，以研究学问为毕生事业，以作育后进为无上职责，自然会养成良好的学风，不断地培植出来博学敦行的学者。"③ 进一步来说，当哈佛、耶鲁、北大、清华全部变成了茅草屋，但却有一流的教师，它们仍是一流大学，仍可成就一流。反之，没有一流的教师，有再多再好的大楼，学校的办学水平也无法得到有力的提升。这就是当前"双一流"建设过程中"挖人"大战背后的一个重要原因。

提起这一点，我们会自然想起西南联合大学（以下简称"西南联大"）。从 1937 年 8 月在长沙成立到 1946 年 7 月 31 日停止办学，这所由北京大学、清华大学和南开大学三校组成，共存在 8 年零 11 个月的大学，铸就了中国高等教育史上的一座丰碑，然而其校舍却很简陋——平房、土坯墙、茅草顶。但是，就是在这么简陋的校舍之下，西南联大却培养出一

---

① 杨宁．抗战时期的南方之强——厦门大学在长汀［J］．福建党史月刊，2008（8）：153-155.

② 梅贻琦．就职演说［M］//眭依凡．学府之魂：中外著名大学校长教育理念．南昌：江西教育出版社，2001：25-26.

③ 竺可桢．大学教育之主要方针［M］//眭依凡．学府之魂：中外著名大学校长教育理念．南昌：江西教育出版社，2001：44-46.

批精英人才，创造了中国教育史乃至世界教育史上的奇迹——走出 2 位诺贝尔奖得主、8 位"两弹一星"功勋奖章获得者、5 位国家最高科学技术奖获得者和 173 位两院院士。① 背后的一个重要原因就在于，三校联合办学在当时形成了一支实力超强、冠于全国的师资队伍：西南联大先后共聘请教师 778 位，其中教授 290 位、副教授 48 位，基本师资为 350 位左右。②

二、大师尚未得到足够重视

有研究者认为，如今很多地方投入巨资推动"双一流"建设，但经费大部分用于人才引进，基本不能用于基建、设备等方面。③ 这似乎让人觉得，在大楼与大师之间，我国大学已经给予大师和其他人才足够的重视，因此目前应将发展的重心放在"大楼"而非包括大师在内的师资上。但事实真的是这样吗？如果对全国大学进行大范围调查，相信很多教师给出的答案是否定的。

具体来说，包括大师在内的师资尚未得到足够重视的体现之一在于当前我国大学教师的待遇总体上还比较低。2013 年，由中国高等教育学会薪酬研究分会组织的"高等学校教师薪酬调查"课题组对 84 所高校教师进行了薪酬调查，结果显示：高校教师的年工资收入在 10 万元以下的占47.7%，10 万~15 万元之间的占 38.2%，15 万~20 万元之间的占 10.7%，20 万元以上的占 3.4%。也就是说，将近一半的高校教师年收入在 10 万元

---

① 杨芳. 李克强"回"到西南联大：保存了知识和文明的火种［EB/OL］. 人民网时政，2017-01-25.
② 西南联大北京校友会. 国立西南联合大学校史［M］. 北京：北京大学出版社，1996：2.
③ 陈先哲. 重识大楼之谓与大师之谓［N］. 光明日报，2017-05-02（13）.

以下。按职务分析,正高级教师的年平均收入为 14.36 万元,副高级为 10.33 万元,中级为 8.3 万元,初级为 7.44 万元。从年龄阶段看,青年教师的收入情况更不乐观:81.9% 的年收入在 10 万元以下,34.6% 的在 6 万元以下。① 从影响来看,待遇低不仅意味着大学教师无法得到与其职业相对应的社会地位,影响其职业认同感和教师职业的吸引力,而且也给正常的教学、科研工作带来一定冲击:物质资料是人类生存和发展的必要条件。当大学教师本身的职业收入无法很好地养家糊口的时候,他们要么节俭度日,要么想其他办法去增加收入,这势必会分散其教学与科研精力。从现实来看,这种精力的分散并不鲜见,如根据我国首家高等教育管理数据与咨询公司——麦可思 2016 年进行的"大学教师薪酬福利调查",50.2% 的本科青年教师和 56.8% 的高职高专青年教师有为增加个人收入而兼职的经历。

体现之二,在于不少大学"大兴土木、大建高楼,在短时间内追求看得见、摸得着的变化",却对"学科建设、学术研究、师资队伍等缺乏规划、支持不足"②。更有甚者,一些大学在大楼可以满足需要的情况下,仍然大肆兴建新大楼甚至新校区,而没有想方设法去提高现有大楼的利用率,去对现有大楼进行提质改造,从而节省开支用于聘请高水平师资、增加现有教师待遇、为学生发展提供经费支持。前文已述,一般大学在学术平台与学术环境上往往并不占优势,因此只能从工资待遇、人文关怀等方面着手去延聘大师,并注重现有师资的培育。然而,"蛋糕只有那么大"。当一些大学将大笔经费投入大楼建设上时,也就意味着它们投在"人"身

---

① 高校教师薪酬调查课题组.透视高校教师收入分配现状 [N].中国教育报,2014-06-09 (13).

② 汪志球.大学之大不在校园 [N].人民日报,2017-06-07 (5).

上的经费将是有限的。

体现之三，在于当前大学教师作为办学主体的特性还不够突出。在过度行政化的现实之下，大学教师在很大程度上还处于被管理的地位，西南联大创造奇迹的重要经验——教授治校并没有在今天得到很好的落实。再者，梅贻琦校长在就职演说中讲道："好教授，绝不是一朝一夕所可罗致的。我们只有随时随地留意延揽而已。同时对于在校的教授，我们应该尊敬，这也是招致的一法。"① 然而，在学术与行政倒置的现实面前，"官职"为荣、为尊，大学教师地位往往得不到有力的保障，以至于出现"教授与科长，哪个大"的疑问。此外，不少大学主张"以学生为本"，却将教师的切身利益放在其后。实际上，大学只有首先做到"以教师为本"，教师才能更好地服务于教学、科研，更好地促进学生的发展。

三、大楼涵养大师有讲究

前文无意将大楼与大师对立起来，只是从比较和现实的角度来分析大师的重要性。众所周知，大楼与大师对大学的发展都是重要的。正如竺可桢校长所言："一个大学，如欲使其存在发展，最低限度的校舍建筑是不可少的。""人才诚然重要，可是图书仪器等设备也是学校所不能忽视的，尤其是从事高深研究的大学……唯有丰富的图书，方能吸引专家学者，而且助成他们的研究与教导事业。简言之，人才与设备二者之间是必然辅车相依，相得益彰的。"② 以抗战期间的厦门大学和西南联大为例，它们在分

---

① 梅贻琦. 就职演说［M］//眭依凡. 学府之魂：中外著名大学校长教育理念. 南昌：江西教育出版社，2001：25-26.
② 竺可桢. 大学教育之主要方针［M］//眭依凡. 学府之魂：中外著名大学校长教育理念. 南昌：江西教育出版社，2001：44-46.

别迁到长汀和昆明后，一方面重视引进人才，另一方面也在进行办学场所、设施、设备的建设。而且从世界一流大学的现实来看，它们不仅拥有一流的师资，也拥有一流的场所、设施和设备。因此，在大学发展过程中，大师与大楼无疑都是需要进行谋划的。

然而，当前我国大学在"大楼"建设上还存在不少问题。单就狭义上的大楼而言，厦门大学邬大光教授曾经指出，当前我国很多大学不但不知道怎么办，而且不知道怎么建。一个突出的表现就是，不少大学还在拿盖房子的逻辑在建大学的大楼。有此逻辑，我们就不难理解为什么中国大学的建筑看起来如此相似，为什么中国不少大学的大楼乍一看像工厂而非大学。再从内部构造来说，我们常常看到的是：教室里一排排整齐划一的固定桌椅；图书馆里满是阅览室、自习室，却没有可供交流的研讨室；教师们的办公室紧紧相连，却没有一个公共空间……很明显，这样的大楼是不利于涵养大师的。

丘吉尔曾说："我们塑造我们的建筑，而后我们的建筑又重塑我们。"那么什么样的建筑可以更好地塑造大师、促进大师成长呢？这一点麻省理工学院的案例可供我们参考和借鉴。麻省理工学院认为，工作氛围（如自由精神）固然重要，但学院还应努力为学者们构建一个便于交流的空间，因为工作环境会刺激和孕育协同合作，如果没有协作，某些研究课题根本无法完成。[①] 麻省理工学院的一些成果就是在协作、对话之中取得的，如天气预报从一种直觉艺术成为流体力学的一个分支，并且计算机能在天气预报中派上用场，就得益于麻省理工学院气象学系成员之间的思想交流、深入讨论。因此，大学要努力通过建筑设计促进学者之间的交流与对话，

---

① 彼得·迪奇克斯. 麻省理工学院经久不衰的秘密［EB/OL］. 搜狐网，2017-05-04.

增加他们产生互动的可能性。目前，麻省理工学院的一些建筑就体现了这样的设计理念，如斯隆管理学院大楼设有相当开阔的中庭，重要目的就在于提供一个较大的开放空间。

实际上，大楼的建设，无论是外形还是内部构造，背后都是大学的办学理念。"没有理念的建筑是没有灵魂的建筑，它充其量只是个'房子或构筑物'（building or construction），而不是建筑（architecture），更不是艺术（arts）。"① 然而，这恰恰是当前我国很多大学建筑的写照：在外形上缺乏艺术性，在构造上没有充分考虑教学和科研的切实需要。缺乏艺术性，使大学建筑的美感缺失；没有考虑大学功能需要，导致它更像一般建筑而非大学建筑。因此，要有一流的大楼，就要有一流的办学理念、建筑理念。如基于前文提及的促进大学学者交流与对话，从而促进科技进步、学人发展的理念，国外的一些大学在教学楼设计时将教室与教师的工作室安排在同一平面层，一侧是教室，一侧是教师的工作室，教师与学生可以随时随地交流。② 再如，当前国内外一些大学都设有咖啡厅，其目的也在于通过营建公共场所为师生交流提供方便。

再识大楼与大师，大楼促进大师的孕育，大师将大楼作用最大化。重温梅贻琦校长的"大楼"与"大师"说，一个理想的图景是，一所大学既有一批大师，又有外形与结构兼优的大楼，两者相得益彰，互相促进。为此，大学不仅应结合大学的本质、特性和职能给予"大师"足够的重视，同时还应从促进学术发展和人的培养角度出发对"大楼"进行大学意义上的设计和改造。

---

① 邬大光. 大学与建筑 [J]. 教育研究，2009（12）：25-29.
② 邬大光. 大学与建筑 [J]. 教育研究，2009（12）：25-29.

除了重视"大师"，还要关注"大楼"①

近年来，随着"双一流"建设的推进，我国高等教育内涵式发展也进入新的阶段，而当各大学纷纷比拼教学和科研质量之时，教师群体的作用亦开始变得更加明显。然而，一直以来我们似乎都在强调"大师"对大学发展的重要性（当然在事实上并没有做到位），对"大楼"的建设却没有给予足够的重视。在笔者看来，除了重视"大师"，还要关注"大楼"。

一、对梅贻琦"大师"说的误解

"所谓大学者，非谓有大楼之谓也，有大师之谓也。"② 在 1931 年就职清华大学校长的演说中，梅贻琦所阐述的这句"大师"说为人所熟知并被人津津乐道，成为论述师资对于大学办学重要性最为经典的一句话。

从大学存在的根本条件、大师与大楼的相对作用力等因素来看，"大师"说无疑是合理的。而在高等教育从以规模扩张和空间拓展为特征的外延式发展方式，向以提高质量和优化结构为核心的内涵式发展方式转变的今天，"大师"说无疑更显现出重要价值与意义。但这句话在表述上由于

---

① 发表于《中国科学报》2021 年 5 月 18 日第 7 版，刊发时内容有所删改。
② 梅贻琦. 大学一解 [J]. 清华大学学报（自然科学版），1941（00）：1-12.

略显绝对，所以可能带来一种误解：梅贻琦校长似乎并不看重大楼，或者大楼并没有那么重要。如果从这种误解出发，大楼包括其外观与内部构造的建设很可能在大学办学过程中被忽视。

那么，梅贻琦校长究竟如何看待大楼的作用？这需要重新回到其就职演说的全文中去寻找答案。在这篇就职演说中，梅贻琦作为校长提出五点希望，其中在第二点希望清华大学保持特殊地位时说："我们要向高深研究的方向去做，必须有两个必备的条件，其一是设备，其二是教授。设备这一层，比较容易办到，我们只要有钱，而且肯把钱用在这方面，就不难办到。可是教授就难了。一个大学之所以为大学，全在于有没有好教授。孟子说：'所谓故国者，非谓有乔木之谓也，有世臣之谓也'，我现在可以仿照说：'所谓大学者，非谓有大楼之谓也，有大师之谓也'。"① 由此可以看出，他是从正面重点强调了设备和教授的重要性，但并没有否认大楼的作用。只是从难易程度来说，大师的罗致在正常情况下远远比设备、大楼等硬件的建设困难得多，正如梅贻琦在就职演说中所说："这样的好教授，绝不是一朝一夕所可罗致的。我们只有随时随地留意延揽而已。同时对于在校的教授，我们应该尊敬，这也是招致的一法。"②

从办学实践来看，西南联大迁往昆明后，兴建必需的校舍成为实际主持校务的梅贻琦必须考虑的问题。受制于当时的条件，西南联大最终只建成了条式、草顶的平房，然而却从此有了属于自己的校舍。1940 年，梅贻琦自述，西南联大"经两年来之惨淡经营，校舍既定，设备渐充，学生程度，亦年有进步，三校原有之精神，已潜移默化融合于整个联大之中"③。

---

① 梅贻琦. 大学一解 [J]. 清华大学学报（自然科学版），1941（00）：1-12.
② 梅贻琦. 大学一解 [J]. 清华大学学报（自然科学版），1941（00）：1-12.
③ 梅贻琦. 大学的意义 [M]. 苏州：古吴轩出版社，2016：126.

由此可以看出，作为大学办学的重要条件，校舍在梅贻琦心中是占据一定位置的。

二、"大楼"的三重意义

从大学与大楼的互动关系来看，大楼不仅是大学的重要组成部分，是大学教学、科研与生活的必要条件，而且作为大学中的"建筑"，还有特殊的文化、教育和学术意义，只不过这种意义在一些大学得到了彰显，但在另一些大学遭到了忽视。

就文化意义而言，作为大学文化的重要构成，一所大学的大楼反映着这所大学的精神和气质，"对大学的文化品质，大学的理想和追求、历史风格、声望印象具有特殊意味的表现作用"①。如金陵女子大学（现南京师范大学随园校区）由美国建筑师墨菲与中国建筑师吕彦直设计，建筑物均是中国传统宫殿式建筑风格，红砖碧瓦，歇山彩檐，被誉为"东方最美丽的校园"，生动地凸显了大学作为文化机构和学术殿堂的高品位、高水准，同时也表达出理想建筑所应具备的"物质、精神、艺术三重内涵"②。再如，当人们走进欧洲许多世界名校的院落或大楼时，"无不感受到一种唯有学府才特有的知识殿堂的庄严、肃穆和凝重。那里的每一个廊柱，每一个雕像，每一张布告，都散发出它的品味、历史和身份"③。

就教育意义而言，大楼所构成的人文环境给置身其中的人们带来审美陶冶、精神享受和情趣培养等多方面的积极影响。正如邬大光教授所说，

---

① 计旭东. 大学建筑文化特色的建设与思考［J］. 中国高等教育，2001（23）：43-44.

② 陈捷. 论大学建筑文化对大学生的教育功能［J］. 高等建筑教育，2005（3）：22-24.

③ 居安平，傅祖浩. 环境育人与泡菜理论［J］. 科学与管理，2007（1）：66-67.

当你走进牛津大学和剑桥大学早期建的那些学院，偌大的方院、高高的围墙、新绿的草坪，就好像走进了世外桃源。从两校的建筑中，你自然就会对西方为何把早期的大学比喻为"象牙塔"有切身的理解，你也能身临其境地感受到什么是实现"闲逸的好奇"的场所。① 进一步而言，好的大学建筑不仅从物质环境层面影响大学人，更能从心理、精神层面潜移默化地熏陶着大学人。对此，丘吉尔曾针对建筑的作用说："我们塑造我们的建筑，而后我们的建筑又重塑我们。"

就学术意义而言，大楼的内部构造与格局直接影响着大学的教学、科研等活动。在麻省理工学院发展史上，这一关系表现得非常明显。在《麻省理工学院经久不衰的秘密》一文中，作者彼得·迪奇克斯阐述了对话之于科学发展的重要性，并向我们呈现了麻省理工学院学者们在对话与交流中所产出的成果。例如，天气预报从一种直觉艺术成为流体力学的一个分支，并且计算机能在天气预报中派上用场，就得益于麻省理工学院气象学系成员之间的思想交流、深入讨论。那么，这些学者之间的对话与交流是如何产生的呢？麻省理工学院的学者研究发现："即使今天我们处于信息时代，一些思想交流的形式仍然依赖于实体空间的近距离接触"，而"建筑实体布局会影响交流沟通模式"。以经济学家保罗·萨缪尔森和罗伯特·索洛为例，两人在 1952 年由麻省理工学院经济系搬进斯隆大厦（Sloan School's Building）后，占据了一个套间里的两间办公室，这种"地利"为他们的对话提供了得天独厚的条件："'我有一个问题'——有时候两个人会为此往返数百次，来讨论问题。"两人的友谊持续了 60 年，两人之间的对话也持续了 60 年。这种对话有力地促进了他们的学术研究和学术

---

① 邬大光. 大学与建筑 [J]. 教育研究，2009（12）：25-29.

成长，正如索洛所言："从某种程度上说，办公室的位置和彼此的欣赏对我后来改变研究方向起到非常大的影响。"① 当麻省理工学院发现了这一"规律"之后，便开始有目的、有意识地通过大楼的内部设计来构建一个让"创意更易于形成的环境和空间"。

三、"大楼"建设的关键在于办学理念

实际上，大楼的建设无论是外形还是内部构造，背后都是大学的办学理念。对此，邬大光教授指出："没有理念的建筑是没有灵魂的建筑，它充其量只是个'房子或构筑物'（building or construction），而不是建筑（architecture），更不是艺术（arts）。"② 然而，这恰恰是当前我国很多大学建筑的真实写照：在外形上缺乏艺术性，在构造上没有充分考虑教学和科研的切实需要。缺乏艺术性，使大学建筑的美感缺失；没有考虑大学的功能需要，导致它更像一般建筑而非大学建筑。究其原因，就是理念的缺失，对于办什么样的大学、如何办这样的大学并不清晰。这种现实提醒我们，如果我国大学要有一流的大楼，首先要有一流的办学理念。

在我国大学发展史上，一些校长将办学理念与大学建筑相结合，为今天的大学提供了很好的先行经验。例如，钱伟长作为我国著名的科学家和教育家，在主政上海大学时秉持"理工结合、文理渗透"的办学理念，主张拆除校内各部门、学科之间的墙。为此，钱伟长亲自手绘了新校区的设计图，要求各个学院的教学楼互相连通，2000 年基本建成的上海大学新校区从此不再是一个学院单独一幢教学楼，而是各学院的教学楼之间都架起

---

① 彼得·迪奇克斯. 麻省理工学院经久不衰的秘密［EB/OL］. 搜狐网，2017-05-04.
② 邬大光. 大学与建筑［J］. 教育研究，2009（12）：25-29.

了走廊。① 对此，钱伟长说："造这个通道把楼连起来，就是为了方便教师与教师、不同学院的教师之间互相往来，方便学生在不同学院选课，方便教师与学生的沟通。我这样设计就是要表示，综合性大学必须做到文理相通、理工结合、文理工互相渗透。"②

　　进入高等教育普及化时代，大学的规模普遍较大，内部机构与人员也越来越多，彼此之间疏离感越来越强。如何促进学者之间的交流与对话，增加他们产生互动的可能性，从而刺激和孕育协同合作，成为摆在大学管理者面前的重要课题，而钱伟长校长的这一设计无疑为其他大学提供了有益的启示。

---

① 曾文彪. 钱伟长教育思想对上海大学发展的作用及启示 ［J］. 高校教育管理，2008 （6）：15-19.
② 曾文彪. 校长钱伟长 ［M］. 上海：上海大学出版社，2012：155.

为什么"双一流"建设呼唤学术忠诚①

2015 年 10 月，我国做出了建设世界一流大学和一流学科，实现从高等教育大国到高等教育强国历史性跨越的重大战略决策。对"双一流"建设而言，根本在于提升学术水平，而要提升学术水平，最终要落脚到学术主体——大学教师之上。具体而言，他们是否以正确的态度积极投入学术活动将直接影响自身以及所在大学的学术产出与水平，并最终影响"双一流"建设的成效。也就是说，大学教师的学术忠诚是"双一流"建设的重要根基。

一、"双一流"建设的核心是提升学术水平

大学是学术机构，学术水平是衡量大学办学水平以及整个国家高等教育水平的重要指标。正如阿特巴赫教授所说："科研卓越是世界一流大学概念的核心。"② 因此，凡是世界一流大学，必然具有世界一流的学术水平。与此同时，凡是要办世界一流大学，也必然要努力达到世界一流的学

---

① 2019 年 12 月 20 日发表于"青塔"网。
② 菲利普·G. 阿特巴赫，覃文珍. 世界一流大学的成本与收益 [J]. 北京大学教育评论，2004（1）：28-31.

术水平。从现实情况看，2017 年我国共有各类高等学校 2914 所，高等教育在学总规模 3699 万人，占世界高等教育总规模的比例达 20%，位居世界第一。①

然而，我国高等教育的水平与发达国家相比，还有很大差距，突出反映在我国现有的、为全球所公认的世界一流大学尤其是顶尖大学还很少。根据我国发布的并具世界影响力的"世界大学学术排名"（ARWU）2017年的排名结果，全球排名前 20 的大学中我国为零（美国有 16 所），排名前 100 的大学中我国仅有 2 所（美国有 48 所），排名前 200 的大学中我国有 13 所（美国有 70 所）。根据 ARWU 的定义，"世界顶尖大学"必须排名前 20 名，"世界一流大学"必须排名 21~100 名。② 由此可见，我国目前还缺少世界顶尖级大学，世界一流大学也数量少、占比低，这与我国庞大的高等教育规模是不相称的。

此外，我国大学年均科研产出较高，但发表于世界顶尖期刊的数量还很有限，获得的世界级科研奖项也非常少。程莹、杨颉的研究显示，39 所原"985 工程"大学 2014 年校均发表 SCI 和 SSCI 论文 3300 多篇，其中浙江大学、上海交通大学、清华大学、北京大学发表的 SCI 和 SSCI 论文数都已位列世界前 25 名。但是，这 39 所大学同年在《自然》和《科学》上的论文发表折和数只有 0.94 篇，即使中国排名最靠前的北京大学和清华大学也都只有 7.65 篇，而哈佛大学一所大学年均发表数就在 90 篇左右。③ 对

---

① 叶雨婷. 教育部：我国高等教育在学总规模居世界第一［N］. 中国青年报，2017-09-29（01）.
② 刘磊，罗华陶，全敬强. 从 ARWU 排行榜看我国高校与世界一流大学的学术竞争力差距［J］. 高校教育管理，2017（2）：41-48.
③ 程莹，杨颉. 从世界大学学术排名（ARWU）看我国"985 工程"大学学术竞争力的变化［J］. 评价与管理，2016（3）：1-4.

于反映学术水平最重要标志的诺贝尔科学奖和菲尔兹数学奖，我国大学更是鲜有学者获得。

总体来看，2005—2015 年，"985 工程"大学整体上在 ARWU 中进步较快，但这种进步主要不是依靠顶级学术水平 Alumni、Award、HiCi 和 N&S 的促进，而是主要依靠学术成果的总体规模效应和平均规模效应 PUB 和 PCP 的推动。① 由此可见，建设一流大学、一流学科，核心不在于扩大学术产出，而在于提升学术水平。

表 1.1　中美在"世界大学学术排名 2017"中的表现

国家/地区	前 20	前 100	前 200	前 300	前 400	前 500	501~800
美国	16	48	70	99	119	135	55
中国	—	2	13	25	44	57	55

资料来源：软科. 世界大学学术排名 2017 [EB/OL]. 软科网，2017-08-15.

二、提升大学学术水平的根本在于教师队伍

在大学当中，教师是具体履行大学职能的主体，其学术能力、学术志趣、学术精神以及学术投入在根本上决定了大学的学术水准。因此，教师队伍的水平不仅直接反映和代表了学校的学术水平，而且也在相当大的程度上决定了学校的学术水平。② 由此可见，大学教师是提升大学学术水平、建设"双一流"、实现高等教育强国目标的基础与根本。

正因为如此，被誉为清华大学历史上"永远的校长"的梅贻琦曾经言

---

① 刘磊，罗华陶，仝敬强. 从 ARWU 排行榜看我国高校与世界一流大学的学术竞争力差距 [J]. 高校教育管理，2017（2）：41-48.
② 杨德广，谢安邦. 高等教育学 [M]. 北京：高等教育出版社，2009：191.

道："一个大学之所以为大学，全在于有没有好教授。"① 与梅贻琦同一时期的浙江大学校长竺可桢，也在 1936 年的就职谈话中说道："教授是大学的灵魂，一个大学学风的优劣，全视教授人选为转移。假使大学里有许多教授，以研究学问为毕生事业，以作育后进为无上职责，自然会养成良好的学风，不断地培植出来博学敦行的学者。"②

从世界一流大学看，它们的一个重要特征就是拥有一批高水平的教师队伍。以加州理工学院为例，尽管它规模很小，却是世界顶尖大学，其重要原因就在于该校非常重视师资条件，聘请的教授都是世界一流的科学家。在加州理工学院历史上，教师队伍中共有 34 人 35 次获诺贝尔奖，6 人获图灵奖，58 人获美国国家科学奖章，13 人获美国国家科技创新奖章，128 人是美国国家科学院成员，44 人是美国国家工程院成员。③ 由此，我们无疑可以更加理解梅贻琦"大师说"的意味。

三、学术忠诚是影响教师学术水平的关键精神因素

在一定的学术能力基础上，大学教师的学术精神是影响其学术产出与水平的关键性因素，也是可变性因素。其中，大学教师能否以真心诚意和尽心尽力的态度和行为对待学术，事关自身和大学的学术产出的多少和学术水平的高低，随之又关系我国高等教育整体学术水平的高低，并最终决定高等教育强国目标的实现与否。正如文双春教授所言："一所大学之所

① 眭依凡. 学府之魂：中外著名大学校长教育理念［M］. 南昌：江西教育出版社，2001：25.
② 眭依凡. 学府之魂：中外著名大学校长教育理念［M］. 南昌：江西教育出版社，2001：43.
③ 阎琨，李莞荷，林健. 世界一流大学特征研究——基于全球大学排名的实证分析［J］. 高等工程教育研究，2017（1）：82-87.

以被公认为世界一流，核心在于那所大学出了不少享誉世界的人物和成果，在于那所大学的教授一直致力于追求一流，因而可以预期那所大学现在和将来还可不断涌现那样的人物和成果。"反之，"一所大学里的教授如果压根儿就没有成为这种人物的梦想和行动，那么这所大学永远不可能成为公认而不是自己证明的一流"①。

从现实来看，当前有些学术个体或学术组织的学术理想丧失，学术精神缺乏，学术道德滑坡，学术责任缺位，学术行为开始越轨，急功近利和浮躁之风盛行，学术造假、学术腐败现象开始蔓延。② 很明显，这样的态度不仅将造成学术生态的恶化，更无助于学术水平的提升。从根源来看，这些现象无不与学术个体的学术忠诚偏离和缺失相关，因为学术忠诚意味着对学术的真心诚意、绝无二心，同时还意味着学术主体积极履行责任，对学术尽心尽力，但当一些学术个体将心思转移到其他事物之上而把学术作为手段，或者遗忘了学术责任，他们无疑就缺失了学术忠诚。

因此，要解决这些问题，就需要呼唤学术忠诚，加强大学教师学术忠诚激励机制的建设。如果学术激励只重视对大学等学术组织的激励，而忽视了对其中的学术主体的考虑与重视，高质量、高水平的学术也就无从谈起。

---

① 文双春. 大学能否一流，看教授追求什么 [EB/OL]. 科学网博客，2016-05-30.
② 刘宇文，刘建佳，夏婧. 学术忠诚的哲学审视 [J]. 高等教育研究，2014（5）：11-16.

如何激励大学教师的学术忠诚①

"双一流"建设的核心是提升大学的学术水平，而提升大学学术水平的根本在于大学教师，在于他们身在学术的同时是否还志在学术、安于学术、尽心尽力于学术。因此，如果没有对大学教师的学术忠诚给予足够重视，也没有建立起健全、有力的学术忠诚激励机制，"双一流"建设就是一句空话。

从学术生态的角度来讲，大学处于一定的生态环境当中，这种环境对大学主体与活动有直接而强烈的影响，并最终影响大学的发展。学术忠诚作为大学教师的重要品质，也受到这种生态环境的影响。那么，如何激励大学教师的学术忠诚？着眼于学术忠诚激励内涵中的"激发"与"约束"，立足于影响学术忠诚的主要因素，笔者认为可从以下方面着手：

一、营造学术氛围，激发学术自觉

大学是探究真理、传播真理之所。办大学，实际上就是办一种氛围，让真理在这种氛围里得以孕育和发展，同时激发师生探究真理的兴趣和欲

---

① 2020 年 1 月 14 日发表于"中国社会科学网"。

望。"最优秀的教授将他们的工作视为一种'内心倾向'——受知识兴趣的驱使，而不仅仅只是一种职业。"① 一所好的大学，也必定是师生积极追求真理、学术氛围浓郁的地方。为什么在市场经济时代仍然有一批大学教师不为各种诱惑所动，不被各种压力裹挟，依旧秉持学术的初心，心系学术无旁骛？除了学者个人的修养之外，一个重要原因就在于其所处的学术氛围。反之，如果一所大学缺乏浓郁的学术氛围，师生志趣亦不在真理，就永远不可能成为一流的大学。从世界一流大学建设的经验来看，非常重要的一点就是持续不断地培育追求真理的学术精神，形成优良的学术风气和学术传统。例如，作为当今世界最优秀的社会科学教学和研究机构之一，伦敦政治经济学院成功的核心因素就在于不断传承与创新追求真理的学术精神。② 因此，大学要实现教师的学术忠诚，首先要营造追求真理的学术氛围，从而激发教师的学术自觉，使其作为个体自发地热爱学术、追求学术、享受学术。

对学术氛围的营造，大学首先需要尊重学术、崇尚学术。以学术为大学之根基，把发展放在扎实推动学术进步上；崇尚真理，而不是权威、权力、权谋等其他对象；以学术成就为荣，而不是升官发财为荣；以学术及其主体为服务对象，管理、后勤等围绕学术这个中心提供服务而非倒置。其次，保障学术自由，营造学术自由的风气。学术自由是学者安心从事学术研究最重要的精神性条件。如果大学教师不能按照自己的意趣自由研究，不能在学术研究过程中免于担惊受怕，不仅会打击他们从事学术的积极性，而且也不利于学术职业的稳定，至于创建世界一流大学更是天方夜

① 菲利普·G.阿特巴赫，覃文珍. 世界一流大学的成本与收益 [J]. 北京大学教育评论，2004（1）：28-31.
② 郭德红. 建设"双一流"重在培育追求真理的学术精神 [J]. 北京教育（高教），2016（3）：20-22.

谭。正如阿特巴赫教授所言："学术自由与知识氛围对一所世界一流大学来说是至关重要的。"① 因此，大学培育追求真理的学术氛围，就要包容各种思想流派，任其争鸣竞争，自由地探究和表达思想，只有这样，学术活动才能生机勃勃、卓有成效。② 当然，这并不是说学术可以随心所欲，而是在遵守国家法律、法规以及社会伦理、道德的前提之下，国家、社会和大学应保护学者的学术自由。

二、保障学术权力，彰显主体地位

学术权力指专家、学者对学术事务和学术活动施加影响和干预的力量。大学是探求与传播高深知识的场所，其主体是大学教师，基本活动是学术活动。因此，尊重和保证大学教师的学术权力是大学作为学术机构的必然要求。与此同时，大学教师作为学术专门人员，赋予学术权力实质上也是尊重知识、尊重人才的内在要求。再者，"大学教师的学术权力保证了学术标准的现实贯彻，教师通过学术权力才能够保障自身的主体性地位，从事学科建设，促进学科发展"③。可见，学术权力是彰显大学教师学术主体性、促进其顺利开展学术活动的重要保障，也是激励大学教师积极投身学术的重要力量。目前，我国大学管理行政色彩浓厚，常常以行政管理代替学术管理，以教师形式上的参与代替教师决策，学术权力在行政决策中仅处于咨询与参谋的地位，学术管理行政化严重影响了教师激励机制

---

① 菲利普·G. 阿特巴赫，覃文珍. 世界一流大学的成本与收益 [J]. 北京大学教育评论，2004 (1)：28-31.
② 郭德红. 建设"双一流"重在培育追求真理的学术精神 [J]. 北京教育（高教），2016 (3)：20-22.
③ 王文华. 提升大学教师学术权力的对策研究 [J]. 辽宁师范大学学报（社会科学版），2013 (3)：364-368.

的建立与运行。① 因此，无论从大学性质的角度，还是从学术忠诚的角度，都需要保障大学教师的学术权力。

具体来讲，当前在保障大学教师的学术权力方面应重点做好以下工作：其一，明确大学教师学术权力的清单，即梳理大学教师作为个体（学术人员）和群体（学术组织）分别应享有哪些学术权力，如作为学术组织的教授委员会应有权审议学校学术、学位、教育教学和职称评定等方面的重大事项。其二，分离学术权力与行政权力。两种权力性质的不同②以及现实中以行政权力代替或干预学术权力的现象，决定了在梳理大学教师学术权力清单的基础上，还要进一步厘清学术权力与行政权力的关系，对二者进行分离，即"学术的归学术，行政的归行政"。当然，这种分离并不是指二者完全孤立，而是在有机联系的情况下保持相对独立，达到二者相辅相成、相互协调的格局。其三，建立健全教授委员会制度。要切实履行和维护学术权力，还需要建设和完善相应的机构。其中，教授委员会就旨在厘清大学行政管理与学术管理的关系，强化大学教师的学术权力，从而彰显大学教师的"学术人"身份，增强主体意识。③ 对于教授委员会，当前最需要明确的是其在大学学术管理中的主体作用，并还原其学术组织的本来面目，从而将大学教师参与学术事务决策的权力落到实处。

---

① 鲁武霞. 高校教师激励机制创新研究——以高校教师的需求为视角［J］. 教育理论与实践，2011（9）：50-52.

② 钟秉林. 现代大学学术权力与行政权力的关系及其协调［J］. 中国高等教育，2005（19）：3-5.

③ 毕宪顺，赵凤娟，甘金球. 教授委员会：学术权力主导的高校内部管理体制［J］. 教育研究，2011（9）：45-50.

三、提升社会地位，增加职业认同

教师社会地位的高低对教师群体来说，是事关为人师表者积极性发挥、专业素养提高乃至师资队伍稳定以及教育事业成败的关键性问题。[1] 以色列人之所以思想、科学、商业等令世界刮目相看，一个重要原因就在于对教育与教师重要性的充分认识。[2] 不在实际层面重视教师，不仅会打击大学教师的学术积极性，而且不利于学术的持久和繁荣。在过去很长一段时间，我国知识分子包括大学教师的社会地位不高，严重伤害了他们的自尊心和工作积极性。目前，我国大学教师的社会地位虽然处在中等偏上的位置，但声望、财富和权力不平衡。与其他专门职业相比，大学教师的声望很高，但实际地位相对较低，[3] 这突出反映在当前我国大学教师的待遇总体上还比较低，导致大学教师为了满足和增加基本生活所需，往往依靠申报项目和发表论文获得额外收入。在这种情况下，学术就变成了手段而非目的，学术浮躁、急功近利之风的出现也就不难理解。另一种情况则是，大学教师们为了生计不得不去兼职。在这种情况下，教师的精力不可避免会分散。因此，要实现学术忠诚，就必须通过多项措施来提升大学教师的社会地位，让他们在学术职业中收获荣誉感、幸福感和获得感，能够心无旁骛地安心于学术。

要提升大学教师的社会地位，应从以下几点着手：首先，正确而充分地认识高等教育以及大学教师之于高等教育的意义。唯有如此，才谈得上

---

[1] 陈永明. 教师社会地位：虚像还是实像 [J]. 集美大学学报（教育科学版），2010（3）：7-10.

[2] 王健. 发达国家教师社会地位演进及其启示 [J]. 集美大学学报（教育科学版），2010（3）：10-14.

[3] 杨德广，谢安邦. 高等教育学 [M]. 北京：高等教育出版社，2009：212.

尊重知识、尊重人才、尊重教师，保障和提升大学教师的社会地位才有可能实现，才会出现教育事业蓬勃发展的新局面。① 其次，弘扬尊师重道的社会风气。师为主体，道为内容。尊师就要重道，重道必要尊师。再次，提高大学教师的薪酬待遇，促进其专心求索。当大学教师要为生存而焦虑和奔忙时，很难保证他们是为了学术而学术，以及在面临学术之外的诱惑时能够不为所动，更无法保证他们将心思和精力完全放在学术之上。因此，良好的物质条件是学术忠诚的基础和保障。从当前来看，亟须给予大学教师与其职业相适应的待遇，即要符合典型知识密集型行业的工资水平、超过其他非知识密集型行业的工资水平、与大众的期待相一致。

四、舒缓工作压力，保证学术从容

要使大学教师"为学术而学术，为真理而真理，为科学而科学，为哲学而哲学，为艺术而艺术，为知识而知识"，从而达至"一种无杂念的境界，一种纯净的境界"②，不仅需要弘扬真理、提升社会地位，还需要从客观上舒缓大学教师的教学和科研压力，还教师以学术的从容与平和。从根本上说，这是由于大学的学术性质决定的。古希腊哲学家亚里士多德指出，闲暇时间是运用智力与能力的必要条件。古罗马哲学家塞内卡也说："致知活动与悠闲的生活相关联，只有在悠闲之中才能致力于真理和学术的探求。"③ 学术活动作为一项高度运用智力、旨在探究高深学问的活动，格外需要闲暇，很多科研成果和发明创造都是闲暇的产物，是长时间思考

① 刘伟林. 充分认识教师的社会地位和劳动价值［J］. 高教探索，1985（3）：9-10.

② 张楚廷. 人论［M］. 重庆：西南师范大学出版社，2015：142-143.

③ 陈洪捷. 德国古典大学观及其对中国的影响［M］. 北京：北京大学出版社，2006：62.

和研究的结果。也就是说，"板凳甘坐十年冷，文章不写半句空"是需要以闲暇为保障的。进一步来说，时间自由也是学术自由的一项重要内容，没有自由时间也就谈不上学术自由。当前大学教师不仅面临着一定的生存压力，而且在家庭生活之外，还承担着较重的教学、科研以及职称晋升压力。但是，人的精力总是有限的，往往难以同时兼顾多项事务又将每件事情都做到高水平，这就使大学教师承受了太多的痛苦和无奈，使得他们不得不"忙于应付升等的量化指标，生产达到发表及格线的短平快作品"①。

从当前来看，要保证学术的悠闲，除了前文所说的为教师创造良好的物质条件从而解除生存压力之外，还需完成以下工作：其一，减轻大学教师的教学工作量。目前我国大学在人才培养上的一个重要问题就是总学分和总学时要求普遍较高，它不仅造成学生忙于完成课程任务，无暇涉猎其他感兴趣的学科和领域的局面，而且导致教师教学任务过重。为此，大学一方面需要扩充教师数量，从而分担现有的课程教学压力，降低平均任教课程门数和学时；另一方面还要改变"教得多就是教得好"的观念，树立"少而精"的教育教学理念，精简现有课程，降低总学分和课程门数。其二，改革过度量化的评价标准与办法。为什么当前学术浮躁、功利之风较为严重？一个关键原因就在于发表论著、申报课题的数量成了学术评价的重要指标，成了决定教师能否晋升高级职称的标准。为了促进学术忠诚，大学必须改变学术评价过度量化的倾向。如果这一点不改变，即使大学给予教师休假的待遇（如目前个别大学在实施的学术休假制度②），也无法真正给予他们从容的心境。与此同时，还需要注意实施"代表作"评价以后

---

① 许纪霖．一流的学术成果不是项目而是闲暇的产物［EB/OL］．搜狐网，2016-01-18.

② 邓晖．学术休假能否带来"从容治学"［N］．光明日报，2012-05-29（5）．

的公正与公平问题，如果这一问题得不到解决，量化评价反而是当前相对公平的评价方式。

五、维护学术公平，树立良好学风

学术公平对激励学术忠诚有重要意义，一方面，健康的学术氛围是激励大学教师积极探索真理、不断取得创新成果的重要推动力；另一方面，学术公平是大学教师专一于学术、真诚于学术的必要保障。如果学术竞争是论资排辈，吃"大锅饭"，甚至靠"潜规则"，这个时候无疑对那些安心于学术并且成果更多、更好的人是一种打击。此外，学术公平实质上也蕴含着评价导向，即评价标准是什么，往往刺激评价对象导向什么。很明显，当学术标准公平公正之时，导向的是学术，可以发挥对学术的激励作用。反之，当本该基于学术标准的评价实际上偏向了资历等其他因素，学术上的努力就失去了它在评价面前的效用，不可避免会将评价对象导向非学术的"标准"，而这很明显又对营造追求真理的学术氛围、杜绝学术造假和腐败问题是不利的。因此，健全的学术忠诚激励机制的构建还需要为大学教师创造一个公平公正的学术竞争环境，从而调动和保护大学全体教师的学术积极性，并为他们创造宁静的心境，使他们专心于学术。

创造公平公正的学术竞争环境，从观念来看，根本在于对真理的追求。如果大学和学术失去了这一宗旨，公平公正的学术竞争环境乃至良好学术风气的形成也就失去了根基。因此，大学和院系管理层首先要树立这一主旨意识，通过自身的言行向广大教师传递这种意识。实践层面，需要大学制定合理的竞争规则，其要点是强调学术标准，排除非学术因素的干扰，如在职称晋升方面，应根据评审对象的学术水平而不是年龄或资历等其他因素。再如科研项目的评审，不仅应允许所有符合条件的教师参与，而且在科研项目的审批中应以选题的价值与意义、论证的质量、前期的科研成果等为主要标准，而不应受资历、人脉等其他因素的影响。与此同时，管理部门应尽可能地选择与申报人（包括课题组成员）无利害关系的评审人。除此之外，还应加强对评审主体和评审过程的监督，避免接条子、打招呼等违规现象。另外，还需建立一定的投诉与治理机制，受理对不公正、不公平评审的举报，如查证属实，则对相关责任人进行严肃处理。

六、加强监督治理，防治学术失范

忠诚意味着真心诚意，代表了诚信、守信，而学术的本质是对真理的探索，更应坚持实事求是的原则。然而，近年来，学术不端行为频频被媒体曝光，学术丑闻日益增多，学术造假行为越发猖獗，大学学术生态面临空前危机。① 这些问题的出现，不仅说明学术忠诚出了问题，而且有力地证明了仅仅依靠学术自律无法强有力地实现学术忠诚。因此，学术忠诚激励机制的建设还需要加强外在约束，即对学术失范的监督与治理。

首先，建立健全学风监督的专门机构。2006 年，教育部针对当前我国高校哲学社会科学学术失范、学术不端行为较为严重的现状，成立了社会科学委员会学风建设委员会，但其面向的是"哲学社会科学"，而且定位是"学术规范、学术道德、学术风气建设的指导机构和咨询机构"②。为了充分发挥其作用，建议面向所有学科，同时增加"监督与处理机构"的

---

① 王革，刘乔斐. 加强大学学术生态建设的路径分析［J］. 中国高教研究，2010（3）：54-56.

② 教育部办公厅关于成立教育部社会科学委员会学风建设委员会的通知［EB/OL］. 中华人民共和国教育部政府门户网站，2006-05-16.

定位。

其次，高度重视期刊社、出版社等出版单位在防治学术腐败方面的作用。抄袭、剽窃、虚假等行为以及低水平作品主要是通过出版单位的出版而"面世"的，因此出版单位的把关就显得格外重要，应对每一个环节严格审查，从中识别虚假，最大限度地防止学术失范现象的发生。① 与此同时，还要对出版单位进行监管，对其中把关不严尤其是充当学术腐败推手的问题进行严格治理。

最后，加强法治，严惩学术造假与学术腐败。学术造假已产业化，屡见不鲜的代写与代发论文广告就是典型例证。解决诚信问题，改变功利文化是根本，但这都需要很长时间。目前最有效的还是严惩学术造假者，增加学术造假的成本和代价。与此同时，还可将造假者所在大学记录在案，影响其每年的经费拨款，这样可以在较大程度上避免所在大学包庇、容忍这种行为，更好地营造一个风清气正的学术氛围。

---

① 李喜婷. 杜绝学术腐败必须建立健全机制 [J]. 编辑之友，2005（6）：80-81.

院校研究应走向开放式①

对经济社会高质量发展而言，高校高质量发展不仅是其重要组成部分，也是其重要支撑。作为"以单所高校作为研究对象，旨在研究特定院校的特定问题"②的高等教育研究范式，院校研究在推进高校改革、促进高校高质量发展中具有重要价值。然而，当前院校研究或由高校的发展规划部门实施，或由高校的教育学科组织（如教育学院、教育研究院、高教所等）负责，这种封闭式的操作方式制约了院校研究价值的充分发挥，亟待走向开放。

一、高校高质量发展需院校研究提供支撑

作为高级专门人才培养和科技创新的主阵地，高校在教育、科技和人才"三位一体"战略布局中具有重要作用。从世界发达国家的情况看，其发达背后一般都有一流的高等教育和一流的高校体系作为支撑。当前，我国之所以面临很多"卡脖子"技术问题，表面上看是科技水平问题，根本

---

① 发表于《中国科学报》2023 年 8 月 1 日第 3 版，刊发时内容有所删改。
② 周川，蔡国春，王全林，等. 院校研究：高等教育研究的新领域 [J]. 高等教育研究，2003（3）：46-51.

上则是教育尤其是高等教育的质量问题。可以说，高校发展水平的高低直接决定了我国能否从高等教育大国走向高等教育强国。

当前我国高校发展的现实与目标还存在一定距离。以高校的根本职能——人才培养为例，当前不少高校在培养的理念、模式、机制等方面与世界一流大学还存在不小差距，在培养质量上还无法为经济社会发展提供充分、有力的人才支撑。以往我们总是关注科研差距，殊不知，人才培养亦是我国高校的短板。在其背后，不仅有办学经费不够充裕、师资力量不够雄厚、设施设备不够先进等硬件原因，而且与一些高校高质量谋划不足、粗放式办学有关。

院校研究主要以本校为研究对象，其宗旨在于"为高等学校提供有关的信息咨询，以改善学校的管理，为高校政策的制定出谋献策"①，根本目的和指向在于研究和解决本校问题、推进和改进本校工作。例如，跨学科人才培养是当前高等教育改革的重要内容与方向。当我国一些高校还在推进单列、专项的跨学科人才培养形式时，美国斯坦福大学等世界一流大学已将学科专业教育与跨学科人才培养相融合，突出表现为学科专业教育亦有浓厚的跨学科色彩，跨学科人才培养也借助于学科专业教育来实施。我国高校要利用后发优势、在更高水平上推进跨学科人才培养，无疑需要研究国际高等教育在该领域的最新进展。同时，由于我国高校具有不同的体制机制，不可能照搬美国模式，因此如何充分结合自身情况去实施跨学科人才培养亦需深度研究。从历史经验看，一些高校的改革之所以卓有成效，原因就在于做了扎实的基础研究工作。例如，北京大学为了推进跨学

---

① 蔡国春."院校研究"是什么，不是什么——解读美国"院校研究"[J].比较教育研究，2005（11）：29-33.

科人才培养，对其基础理论、实践方式与域外经验进行了较为系统的研究，① 为该校跨学科人才培养实践提供了较为全面和深入的指导。

二、院校研究必须走开放式道路

为助推高校高质量发展，院校研究应从封闭走向开放，这主要表现在研究内容、研究组织与研究人员三个方面。其中，研究内容的开放性是前提。唯有实现研究面向的开放性，才能实现研究主体的开放性。

一是面向发展全体。高校任何领域与事业的发展都具有专业化特征，不能单纯依靠过往经验，更不能凭空摸索，而要以研究为基础。这意味着院校研究要面向高校人才队伍建设、学科专业建设、校园文化建设、信息化建设等改革与发展的全部内容，切实分析其本身的发展现状及相关支撑条件的现状，并拿出有效和有力的解决方案。比如，主辅修制度在我国已实施多年，但在某些高校却仍未完全建立。即便实施相关制度的高校，也存在学生上课时间冲突、教师授课积极性不高等问题，这无疑需要进行专门研究。当然，这么说并非倡导平均用力。相反，院校研究要结合本校发展面临的重大问题进行重点研究。

二是面向全体组织。院校研究并不仅仅是发展规划部门和教育学科组织的职责，更不是它们的专利。开放的院校研究是面向全校所有组织的，这意味着它们既要结合自身工作，承担一定的研究职责，并做到实践与研究高度结合、相互促进；也拥有参与院校研究的权利，可以表达自己的意见和建议，发出自己的"声音"。在这方面，这些组织不仅可以主动命题，

① 张晓报，杨梦杰．"三维"视角下跨学科人才培养的实现因素解读——以北京大学为例［J］. 高等理科教育，2022（5）：58-67.

向学校提出院校研究需求，也可以（也应该）结合自身职责、实践以及自身优势，主动承接学校发布的院校研究任务。

三是面向全体人员。院校研究内容的全面性决定了研究主体的全员性，而组织的参与也必然由具体人员落实。这意味着凡是对高校某项工作有体会、有想法的人都可以申报。它既可以由全体人员就学校发展目标或某一改革发展问题自主命题进行申报，也可以在学校发布的研究选题范围内提出申请。学校及相关部门需要做的是对申请人在某领域的实务经验与研究能力、课题设计的质量与水平进行评估。此外，高校也可以推进有组织的院校研究，根据学校改革与发展的重大问题，面向全校组建跨部门、跨院系的研究团队。

总之，开放式的院校研究超越了个别内容、个别组织与个别成员，从个别部门或个别院系的专项工作变成了高校全体组织与全体人员的系统行为。要做到这一点，最根本的是高校校级层面要具有高质量发展的决心和意识，真正想从院校研究中寻找推进高校改革与发展的办法。它不应是给予教职工群体的"福利"，也不应是为了丰富高校课题类型所做的"点缀"。需要说明的是，这样说并非否认发展规划部门和教育学科组织的作用。相反，它们除了作为独立的承担者外，还可以充分利用其优势扮演院校研究组织者与合作方的角色。

第二篇 **02**

大学学科与专业建设

新时代学科专业建设的根本在于提升质量^①

2023 年 2 月，教育部等五部门印发了《普通高等教育学科专业设置调整优化改革方案》（以下简称《改革方案》）。这是继普通高等学校本科专业目录更新、新版研究生教育学科专业目录发布之后，我国针对学科专业建设出台的重磅政策文件。统筹结构和质量是本次改革的着力点和亮点，为协同学科专业的"需求侧"与"供给侧"改革做好了顶层设计。在结构性问题逐步解决的基础上，新时代学科专业建设的根本在于提升质量，这既是当前我国高等教育学科专业发展面临的重要课题，也是《改革方案》充分发挥政策效力的关键一步。

一、学科专业的办学质量具有基础性地位

高质量发展是"十四五"乃至更长时期我国经济社会发展的主题，亦是今后很长一个时期我国高等教育发展的时代主题。作为高等教育的重要组成部分，学科专业的高质量发展是高等教育高质量发展的重要支撑。

习近平总书记指出："高等教育是一个国家发展水平和发展潜力的重

---

① 发表于《中国科学报》2023 年 12 月 5 日第 3 版，刊发时内容有所删改。

要标志。"① 从学科专业的基础性而言，一个国家学科专业的办学质量决定了一个国家高等教育的发展水平。同时，高等教育最根本的任务是培养人才，而人才往往借助于一定的学科专业并在这些学科专业之中进行培养。学科专业不仅直接关系高级专门人才供给的基本结构和类型，而且其办学质量最终影响人才供给是高质量还是低层次满足经济社会发展的需求。

因此，学科专业的办学质量具有基础性地位。对高校而言，在设置一定的学科专业基础上，最根本的不是办了哪些学科专业，而是这些学科专业究竟是否办出了特色、办出了质量。如果学科专业的办学质量无法保证，那么人才培养质量以及高等教育质量就是一句空话。对此，《改革方案》也明确指出："学科专业是高等教育体系的核心支柱，是人才培养的基础平台，学科专业结构和质量直接影响高校立德树人的成效、直接影响高等教育服务经济社会高质量发展的能力。"可以说，学科专业高质量发展既是高等教育高质量发展的重要组成部分，也是高等教育高质量发展的重要抓手。

二、学科专业的办学质量与理想有较大差距

近年来，我国高等教育的学科专业建设取得了显著成效，不仅结构更加合理，而且整体水平亦得到提升。然而，从现实来看，当前学科专业的办学质量与理想状况、社会期待还有一定差距。根据教育部高等教育司负责人就《改革方案》相关问题回答记者提问时所揭露的数据，近年来，我国高等教育学科专业结构调整工作深入推进，目前全国普通高校撤销和停招了近 1 万个专业点。调整力度如此之大，固然有结构的问题，但背后的

---

① 习近平话教育 这三个话题直通民意 ［EB/OL］. 央视网，2017-03-13.

质量问题亦值得我们深思。例如，一些高校在缺乏充分办学条件的情况下盲目创办热门专业，导致专业发展受限，一直在"低位"徘徊；一些高校的某些学科专业尽管创办了很多年，但相关主体对学科怎么发展、专业怎么建设却一直没有清晰的思路，导致培养质量低、学生与用人单位的满意度低，就业状况也因此很不理想。

2022年，我国高等教育毛入学率达到59.6%，建成了世界规模最大的高等教育体系，高等教育普及化水平正在不断巩固和提升，为新的人口红利奠定了基础。但从人才队伍建设与科技发展的现状看，我国不仅在高端研发人才方面与世界发达国家存在一定的差距，大国工匠、卓越工程师、高技能人才等应用型人才短缺问题亦较为严重。同时，我国在尖端核心科技等方面的核心竞争力不足，在芯片、发动机、材料等方面还面临很多"卡脖子"问题。这种矛盾无疑在某种程度上反映出，当前我国高等教育学科专业在总体上还很难说已经高质量履行了高层次人才培养、创新创造和服务社会的重要使命。

根据教育功能理论，教育通过培养人实现其本体功能，而培养的质量在很大程度上决定了培养的人才走向社会，参与社会政治、经济、科技和文化等方面实践的能力与水平。由此可以看出，人才培养的质量将直接影响其参与经济社会发展、满足经济社会发展需要的质量。习近平总书记指出："今天，党和国家事业发展对高等教育的需要，对科学知识和优秀人才的需要，比以往任何时候都更为迫切。"① 面对这种现实，我国无疑需要在合理调整结构与布局的基础上，将提升质量作为未来我国学科专业建设的根本出发点，推动学科专业从规模增长向质量提升转变，不断增强学科

① 习近平：在北京大学师生座谈会上的讲话［EB/OL］．新华网，2018-05-03.

专业支撑中国式现代化建设、服务经济社会高质量发展的能力。

三、学科专业的办学质量提升要有系统思维

提升学科专业的办学质量，不能单独考虑若干高校与学科，亦不能就学科专业及其要素本身来考虑，而要站在建设高质量高等教育体系的角度，围绕提升学科专业办学质量与水平这个关键问题进行系统性思考。

一是在建设面向上，注重发展的整体性。学科专业的基础性地位，决定了其发展应是整体性的。当前，我国不断推进国家与地方一流学科、一流本科专业建设，这些措施都在强化学科专业的质量建设。然而，经济社会的高质量发展仅仅依靠这些进入一流或一流建设行列的学科与专业是远远不够的。换言之，提升学科专业的办学质量是对所有高校、所有学科专业的要求。唯有所有的学科专业都达到了一定的水准，再把其水平和贡献相叠加，我国高等教育的人才培养质量才有坚实的根基和整体的体现，这也是建设高质量高等教育体系的要义所在。当然，这么说并非否定重点建设的思路。在资源有限的条件下，对部分学科专业进行重点建设、以点带面、不断推进，无疑是现实的、可行的思路。

二是在建设模式上，建构学科专业高质量发展的模式。要实现学科专业办学整体性的高质量结果，必须建构支撑其高质量发展的模式，以匹配的模式来实现相应的结果。例如，专业一般由培养目标、课程体系以及专业中的"人"三大要素构成。要提升专业办学质量，就要结合学科、学生以及经济社会发展等多方面的需要精心设计培养目标，并建立支撑该目标实现的课程体系、配备高质量承担这些课程教学的师资队伍乃至招收适合该专业学习的学生。进一步而言，这种高质量发展模式是一种结果导向的、系统性的模式设计。就专业而言，要从本科专业类教学质量标准出

发，在提升师资队伍水平、创新培养模式、优化课程设置、改革教学方式、加强培养质量管理等方面加强内涵建设。就高校与教育主管部门而言，要从本科专业类教学质量标准出发，进行专业建设的条件检查、质量监控。

三是在建设条件上，完善学科专业高质量发展的系列保障。学科专业高质量发展的模式需要有力的支持条件作为保障方能落地。从当前学科专业发展面临的大环境来看，尤其需要完善以下保障：其一是创造质量文化。要"兜住学科专业建设质量底线"并不断由底线向高位发展，需要营造学科专业高质量发展的文化，杜绝学科专业低水平重复设置与"躺平"式发展、片面追求就业率而牺牲学科专业培养质量等一系列现象。其二是完善评价制度。解除外在不合理评价对学科专业发展所造成的负面影响，特别要使高校从一味追求学科专业建设的显性指标而忽视内涵建设的困境中解放出来。其三是时间保障。时间是学科专业高质量发展的必要条件，要切实减轻学科专业人员的不合理负担，使他们能把时间精力投入学科专业的内涵建设之上。

总之，学科专业设置调整优化的根本在于提升学科专业建设的质量。习近平总书记指出："当前，我国高等教育办学规模和年毕业人数已居世界首位，但规模扩张并不意味着质量和效益增长，走内涵式发展道路是我国高等教育发展的必由之路。"① 这为新时代学科专业建设提供了根本思路。从我国高等教育学科专业办学的现实来看，新时代学科专业的建设既需要顶层设计也需要逐层落实。除了政府及其教育主管部门进行宏观管理与条件保障以外，高校与院系等直接主体应担负起主体责任，将提升质量作为学科专业建设的根本任务去抓。

---

① 习近平谈教育发展：教育兴则国家兴，教育强则国家强 ［EB/OL］. 中国共产党新闻网，2018-09-10.

本科专业设置仍存过度"蹭"热点问题①

普通高等学校本科专业设置和调整工作"是关系到我国高等教育改革与发展的一项带有基础性、全局性、战略性的重要举措"②。根据《教育部关于印发〈普通高等学校本科专业目录（2012 年）〉〈普通高等学校本科专业设置管理规定〉等文件的通知》（教高〔2012〕9 号），对国家控制布点专业和尚未列入本科专业目录的新专业，高校可自主申请设置，由教育部审批；对其余本科专业目录内的专业，高校依法自主设置，实行备案制。

一、本次本科专业设置和调整的总体情况

2021 年 2 月 10 日，教育部公布了 2020 年度普通高等学校本科专业备案和审批结果，并对普通高等学校本科专业目录进行了更新。其中，各高校新增备案专业 2046 个，新增审批专业 177 个，调整学位授予门类或修业

---

① 发表于《中国科学报》2021 年 3 月 23 日第 7 版，刊发时内容有所删改。
② 教育部关于印发《普通高等学校本科专业目录（2012 年）》《普通高等学校本科专业设置管理规定》等文件的通知［EB/OL］.中华人民共和国教育部政府门户网站，2012-09-14.

年限专业 93 个，撤销专业 518 个；合计 9 个门类、37 个专业列入《普通高等学校本科专业目录》新专业名单。无论从新增备案与审批专业数量还是撤销的专业数量看，本次调整都是近三年之最。

就新增备案与审批专业而言，各高校积极响应国家战略，满足社会发展需求，新设置了一批专业，显现出以下特征：一是大量创设适应国家和区域经济社会发展需要的专业。例如，此次共有 130 所高校新增"人工智能"专业，一个重要原因在于国务院 2017 年印发了《新一代人工智能发展规划》并明确提出"抢抓人工智能发展的重大战略机遇，构筑我国人工智能发展的先发优势，加快建设创新型国家和世界科技强国"。二是以人工智能和大数据为代表的信息技术发展所形成的新型专业成为非常明显的专业生长点。例如，本次共有 84 所高校新增了"智能制造工程"专业，62 所高校新增了"数据科学与大数据技术"专业。三是多学科交叉融合形成的跨学科专业不断涌现。例如，2021 年上海大学新增的"机器人工程"专业集自然、工程、社会、人文等理论方法于一体。四是新工科、新医科、新农科、新文科成为专业建设方向。例如，"新工科"更强调学科的实用性、交叉性与综合性。本次 13 所高校新增的"物联网工程"涉及计算机、通信技术、电子技术、软件开发、管理学等多方面的知识，就是按照新工科建设要求和趋势所设置的专业。

从撤销的专业来看，数量最多的是"公共事业管理"，共有 21 所高校撤销。此外，有 16 所高校撤销"信息管理与信息系统"专业，15 所高校撤销"电子信息科学与技术"专业，13 所高校撤销"产品设计"专业，12 所高校撤销"工业设计"专业，10 所高校撤销"信息与计算科学"专业。这些都是曾经热门一时的专业。有学者认为，专业设置陈旧、人才培养缺乏特色、软硬件支持度不够是这些专业被撤销的三个最主要的原因。①从这个角度而言，撤销一批这样的专业未必不是件好事。换言之，要实现整个国家和各高校本科专业体系与结构的动态优化，不仅要增设新专业，还要把撤销专业作为避免专业重复建设、低水平发展的重要途径和必要手段。

二、本次本科专业设置和调整的不足

官网资料显示，教育部至少从 2012 年开始每年都会进行普通高等学校本科专业备案和审批工作。这对于优化本科专业结构、提高人才培养质量、促进专业设置与国家和社会需求紧密结合，无疑起到了十分重要且持续性的作用。

当然，本次普通高等学校本科专业备案和审批工作亦存在一些可改进之处，如需要注意国家学科、学位、专业等相关政策与工作的联动性。2020 年 12 月 30 日，国务院学位委员会、教育部发布了《关于设置"交叉学科"门类、"集成电路科学与工程"和"国家安全学"一级学科的通知》。而在"交叉学科"设置背景下，本次新增备案本科专业名单中，某些跨学科专业的学位授予门类并没有及时更新为"交叉学科"门类，特别是与本次列入"集成电路科学与工程"一级学科高度相关的"集成电路设计与集成系统"专业仍被归于工学学科门类，表现出一定的滞后性。

三、对本科专业设置和调整工作的建议

在笔者看来，未来普通高等学校本科专业设置和调整工作还需要注意

---

① 高耀. 本科专业调整是适应时代新需求［N］. 中国教育报，2022-07-07（2）.

以下三点。

第一，进一步完善高校本科专业设置与调整的逻辑。从这次本科专业设置的情况来看，社会逻辑或市场逻辑表现得较为明显，学科逻辑与问题逻辑亦有所体现。但与此同时，从撤销的专业来看，我国高校本科专业设置又存在过度"蹭"热点、一窝蜂上"时髦"专业的问题，并没有对市场需求与自身优势和特色进行审慎的考察。不仅如此，学生逻辑在我国高校专业设置中一直没有得到很好的体现，诸如美国大学中常见的"个人专业"一直处于缺失状态。就长远而言，应建立政府、市场与社会、高校、学生等多元主体参与的本科专业体系与结构调整模式，形成完整的本科专业设置与调整逻辑。

第二，进一步加强对高校本科专业设置的宏观调控。对任何一所高校而言，在专业数量过多而资源总量有限的情况下，想把每个专业都办好是非常困难的。因此，理想的高校专业设置应充分结合高校自身的发展定位、学科优势、硬件条件等因素。然而，一些高校却存在盲目扩张、一味跟风、贪大求全等非理性设置的弊病。因此，政府及教育主管部门既要尊重高校的专业设置自主权，支持其进行新专业设置，同时也要对该过程进行宏观调控，防止高校盲目跟风。每年一度的本科专业备案和审批工作正是国家发挥把关与调控作用的体现。未来，有关部门还应进一步加强宏观调控，如及时、充分把握市场对各类人才的需求，建立专业设置的预警机制；建立高标准导向，充分考查申报高校在备案或审批专业上的各方面条件是否具备。同时，不仅要从整个国家与社会对某个专业的人才需求本身进行考虑，还要对各申报高校的专业总数进行把控，防止高校贪大求全，促进各高校加强现有专业的建设、升级与更迭。

第三，进一步推进高校本科专业的内涵式发展。专业设置只是专业建设的第一步，后续更为重要的是"加强对新设专业的建设和管理，不断提高人才培养质量"①。从高校自身来说，在利用专业设置自主权申报新专业后，还要不断加强专业内涵建设、提高专业办学质量与水平，避免无特色、低水平发展。从政府与教育主管部门而言，应强化对高校专业建设过程的监督、检查与评估，避免一些高校重专业申报、轻专业建设，重"一流本科专业"建设点建设而轻其他专业建设等问题的发生。例如，可引进权威的第三方评估机构或通过对用人单位的大范围调查，对高校专业建设质量与水平进行评价和监督。

---

① 见《教育部关于公布 2021 年度普通高等学校本科专业备案和审批结果的通知》。

研究生新版学科专业目录发布：
多元主体要做好实施准备①

作为最高层次的学历教育，研究生教育质量直接关系高等教育乃至整个国民教育体系的水平，也影响国家未来的核心竞争力。习近平总书记强调："各级党委和政府要高度重视研究生教育，推动研究生教育适应党和国家事业发展需要，坚持'四为'方针，瞄准科技前沿和关键领域，深入推进学科专业调整，提升导师队伍水平，完善人才培养体系，加快培养国家急需的高层次人才，为坚持和发展中国特色社会主义、实现中华民族伟大复兴的中国梦作出贡献。"②

学科专业是人才培养的基础平台和重要载体，是培养单位、学生与用人单位之间相互联系的重要桥梁。作为学科专业的制度性呈现，学科专业目录在研究生教育中具有战略性、全局性、基础性和先导性意义。2022 年 9 月 13 日，国务院学位委员会、教育部印发了《研究生教育学科专业目录（2022 年）》（以下简称"新版目录"），引发了高等教育内外的热切关

---

① 发表于《中国科学报》2022 年 9 月 27 日第 3 版，刊发时内容有所删改。
② 胡浩. 适应党和国家事业发展需要 培养造就大批德才兼备的高层次人才［N］. 光明日报，2020-07-30（1）.

注。关于这次修订的背景、意义、总体思路、改革举措、修订过程、重要进展与变化等问题，国务院学位委员会和学界已有全面的解答、阐述和分析。然而，一项调整或改革要想真正取得效果，仅靠政策本身是很难做到的，还需要各相关方的密切配合。在这方面，做好相关准备十分重要。

一、学生需做好学科专业调整的心理准备

根据国务院学位委员会、教育部发布的通知，2023 年下半年启动的新一轮研究生招生、培养工作将按新版目录进行，同时在校生及 2022 年启动招生、2023 年 9 月入学的学生培养仍按原学科专业执行，这为将要考研和就业的同学带来了一定的焦虑情绪，他们对新版目录还没有做好充分的心理准备。笔者通过现场访谈和资料搜集发现，这些焦虑主要体现在以下两方面：

一方面，担心会影响考研的准备。学科专业目录更新后，新设了若干一级学科或交叉学科和专业学位类别，并对部分一级学科进行了更名，同时又对个别学科门类下的一级学科及专业学位类别设置进行了调整优化。变革会带来一定的不确定性，使学生产生焦虑情绪。比如，对于风景园林由农学调整为工学，一些学生便在网络平台上表达了自己不知该何去何从的迷茫。同时，学科专业目录更新后，一些学科专业的招考内容与方式也发生了变化。此时，往年学长、学姐的经验对正在备考学生的帮助可能就不大了，这些学生也会因为缺乏可参考的经验而感到紧张和担忧。

另一方面，担心未来的就业形势。本次同时更新的《研究生教育学科专业目录管理办法》提出，一级学科和专业学位类别设置实行先探索试点、成熟后再进目录的办法，同时也针对试点设置的一级学科和专业学位类别建立调整退出机制。这种做法无疑更加审慎，但会在以下几个方面引发一些学生的担心：一是从新学科专业毕业后，能否很快找到与自身专业对口的工作岗位。根据与研究生的交流，他们中的一些人主要以就业为导向进行学科专业选择。二是毕业后参加考公、考编等考试时，录取方是否按新版目录招录人才。有学生直言："如果考公、考编相关岗位的专业和代码更新了，但目前在读研究生依然是旧学科专业和代码，未来将何去何从？"三是尽管对于试点后被撤销的一级学科或专业学位类别，在学研究生可按原培养方案继续学习至毕业，但毕业后的学生是否被社会认同？是否相较于其他学生缺乏某些竞争力？在求职上是否会"吃亏"？是否有"毕业即失业"的风险？这一系列疑惑都埋在学生心中。

以上两种心态有一定的现实合理性，但也有过度焦虑导致的不合理认知。对此，就学生而言，要加强专业思想教育，树立兴趣为先、人本发展为要的专业选择理念，克服专业选择过于实用主义的倾向。相关部门也要在招录考试中及时更新目录并在过渡期内保留旧目录，以解除学生的后顾之忧。此外，有关部门对学科专业的调整要更加审慎，严格执行包括学位授权点申请基本条件在内的学科专业有关工作标准，坚持高质量设置，推进高质量办学，尽量避免因为质量问题导致的撤销所带来的不良影响。

二、培养单位须做好学科专业高质量发展的教育准备

国务院学位委员会办公室负责人就新版目录答记者问时曾表示："研究生教育是国家高层次人才自主培养的主渠道，研究生教育的学科专业直接关系高层次人才供给的基本结构和类型。"① 然而，尽管学科专业目录具有基础性和先导性作用，但对于已经设置的学科专业，最根本的还是办学

---

① 国务院学位委员会办公室负责人就新版研究生教育学科专业目录和目录管理办法答记者问 [EB/OL]. 中华人民共和国教育部政府门户网站，2022-09-14.

质量。唯有高质量办学的学科专业，才能为经济社会高质量发展提供高水平的人才。这一点无论对于过去版本中已有的学科专业，还是本次新增的学科专业都是如此。根据笔者团队对多家用人单位的电话采访，很多单位对新版目录名称的变化并没有很强的感受。他们认为，名称的变化是外表，而内在应该是培养内涵和培养机制的重构和塑造。无论是理工科类还是人文社科类，研究生都要具备扎实的专业知识和实践能力。如果进入工作岗位的高校毕业生只会讲但不会做，或者不善于做，就会受到用人单位的质疑。这种质疑不但涉及学生本人，也会牵扯研究生培养单位。

　　从现实层面看，对于以往版本中的某些学科专业，很多培养单位尽管经过了多年办学实践，但是否已经在办学条件和办学水平上做到位？对于新增的学科专业，培养单位是否有了正确而深刻的理解？例如，新版目录在哲学门类下新增了应用伦理的专业学位，然而哲学是一个高度理论性、反思性和批判性的学科。对此，培养单位如何做到理论和实践相结合，又该设置怎样的课程体系去实现对应的培养目标？与此同时，培养单位是否在培养计划、课程设置、教材编写、师资队伍、设施设备等方面做了充分准备？相应的管理制度是否已经完备，又能否让学生学有所成？例如，对于新增交叉学科门类下的一级学科和专业学位类别，培养单位如何在人才培养过程中打牢学生的多学科知识基础，并做到多学科的融合与贯通？相比之下，考生对新增学科专业的办学质量更为担忧。

　　建设高质量教育体系是"十四五"时期我国教育发展的战略任务。近年来，国内研究生教育规模持续增长，结构布局不断优化，研究生培养与管理体系逐步完善，服务国家战略和经济社会发展的能力显著增强，我国已成为世界研究生教育大国。然而，随着规模的不断扩大，研究生教育能否肩负高层次人才培养、创新创造和服务社会的重要使命，成为大众普遍关心的问题。学科专业是高层次人才培养的基础平台和重要载体，牢牢把握其基本条件与育人质量无疑是保证研究生教育高质量发展、高质量育人的重要抓手。本次的学科专业目录调整，从学科专业结构布局上为我国研究生教育高质量发展做好了顶层设计，但在实践中还要进一步在师资队伍、学科发展、专业培养目标与培养模式、课程体系与教学方式等方面加强内涵建设。要从当前我国研究生教育的薄弱环节入手，进一步在提升导师队伍水平、优化导师配置、强化导师责任、创新培养模式、优化课程设置、改革教学方式、加强培养质量管理等方面下功夫。

三、社会应做好育人与用人衔接的准备

根据教育功能理论，教育通过培养人实现其本体功能，而后培养的人才进入社会，参与社会政治、经济和文化等方面的实践，进一步衍生出社会功能。换言之，只有教育培养的人才走向社会，获得相应的工作岗位和机会，才能作用于社会系统，进而对社会发展发挥作用与功能。因此，能否给毕业生提供相应的工作岗位是教育功能释放的前提。如果人才没有流向工作岗位，社会也没有为人才提供相应的条件、待遇和发展前景，不能做到人尽其才、才尽其用，同样会阻滞人才发挥其所蕴含的能量。当前，人才流失、跳槽、转行等问题在某种程度上就反映了这一问题。

因此，在社会层面，民众对于新版目录亦有疑问，主要体现为：社会能否充分吸纳新版目录下培养的毕业生？对于新增的一级学科及专业学位类别，用人单位是否认同并为毕业生提供相应的岗位？如何避免某学科专业人才的社会需求量较少但培养过剩，或需求量较多但培养不足的问题？如何避免某学科专业人才的素质结构与社会需要相脱节？这些疑问也会影响前文所提及的学生对于新增一级学科及专业学位类别的报考意愿。

由此可见，不仅要让研究生通过培养单位的高质量培养实现学有所成，还要努力让他们学有所用，而这超越了单一主体的范畴，需要培养单位与社会做好协同与对接。在培养单位层面，设置学科专业不仅要考虑学术逻辑，传承和发展学术，还要紧密对接社会需求，对社会所需学科专业的研究生进行高质量培养，保证其素质满足岗位需要，做好供给侧改革，避免培养的"产品"销不出去或被退回的现象发生。也就是说，要做好育人与用人的衔接，必须从全过程链条出发。

从政府和社会层面，一是对接社会需求，及时对学科专业目录进行更新。要关注社会对人才需求的类型变化，及时对学科专业目录进行调整。对此，更新后的《研究生教育学科专业目录管理办法》缩短了目录调整周期，同时又构建了"目录+清单"的学科专业建设管理新模式，具备了更强的适应性和更高的灵活性。同时，还要预测和监测社会对相应学科专业人才数量的需求，做好统筹，避免学科专业过度设点或设点不足的问题。二是要创造良好的用人环境，进一步提供人才工作的社会条件。对此，习近平总书记 2021 年 9 月 27 日在中央人才工作会议上要求"必须积极营造尊重人才、求贤若渴的社会环境，公正平等、竞争择优的制度环境，待遇适当、保障有力的生活环境，为人才心无旁骛钻研业务创造良好条件"①。这无疑为新时代营造识才、爱才、敬才、用才的环境提供了思路，也是新版目录下培养的研究生人才"用得上""用得好"的必由之路。

---

① 习近平. 深入实施新时代人才强国战略 加快建设世界重要人才中心和创新高地 [EB/OL]. 中共中央党校（国家行政学院）网站，2021-12-15.

第三篇 03

大学课程、教学与学习

打造"金课"，需要建构六大保障机制[①]

当前，我国高校正在积极贯彻教育部"打造金课，消灭水课"的指示精神，开发与建设"金课"。事实上，"金课"能否实现，保障机制的作用极其关键。我们与其追问高校课程是不是"金课"，不如首先问一问，目前高校保障"金课"建设的机制是否已经建好了，又是否足够健全。基于教与学的态度、能力、时间和精力，笔者认为高校应建立以下六大保障机制：

一、注重教学的教师评价机制

长期以来，"重科研、轻教学"已经成为我国政府对高校以及高校对本校教师进行评价的顽疾。在这种导向之下，高校重科研轻教学、重学术轻育人的趋向愈发严重，而一些教师或因科研压力不得已降低对教学的要求，或因科研的收益而自然地疏远教学。当然，这种评价机制的影响并不是绝对的，只是我们应认识到一套统一的评价机制对高校及教师的群体性、长远性影响。因此，要打造"金课"，就要从总体上改变当前过度注

---

① 2019 年 12 月 24 日发表于"一读 EDU"，后精练内容，以《打造"金课"须健全保障五大机制》为题公开发表于《浙江教育报》2020 年 1 月 13 日第 3 版。

重科研的高校评价机制和教师评价机制，使高校恪尽人才培养之使命，使教师能够将身心导向教学。

二、严格的学生学业考评机制

"金课"是教师与学生共同打造的产物，仅仅依靠教师高水平的教学，难以支撑起一门"金课"。也就是说，要实现"金课"，必须考虑如何增加学生的学习投入。毋庸置疑，教师良好的道德、学识和教学水平是根本而又持久的影响因素。此外，强调调动学生兴趣亦是必要的，但不能过于强调兴趣在增加学生学习投入中的作用。"大学者，研究高深学问者也。"学问高深，自然令学生产生畏难情绪。同时，并非每个老师都能把高深的学问讲得明白又有趣，但很可能其授课是有"营养"的。因此，课程是否有趣不能作为学生是否懈怠学习的根本理由。在这种情况下，其他辅助手段，特别是严格的学业考评机制就很重要——当考评非常宽松的时候，一些自觉性较差的学生不可能对课堂学习给予太多的重视。然而，从总体上看，当前我国高校的学业考核恰恰是比较宽松的，需要做出改变。庆幸的是，国家教育主管部门已经意识到这个问题，并在《关于狠抓新时代全国高等学校本科教育工作会议精神落实的通知》中提出："严格考试纪律、严把毕业出口关，坚决取消'清考'制度。""严肃处理抄袭、伪造、篡改、代写、买卖毕业论文等违纪问题，确保本科毕业生论文（设计）质量。"未来还需努力的是，解除施加于高校身上的"不可承受之重"，使高校和教师可以按照严格的学术标准来考核学生。

三、健全的教师教学发展机制

高校教师的角色决定了他们不仅要有研究能力，从事研究工作，还要有较强的教学能力，履行教书育人的根本职责。然而，一些高校教师在入职之前鲜有教学方面的训练和实践经验。与此同时，"高校在引进人才的时候，其主要尺度并不是教学水平，而是学历、出身和所谓的科研水平"①。这就导致有些教师虽然学历高，但教学经验有限；有些教师虽然可能全身心投入教学，但教学水平有限。因此，如果要把"水课"变成"金课"，就必须要建立健全教师教学发展机制。为此，要改变形式化、低效性的职前培训现状，坚持培训内容上的理论与实务并重、教学方式上的集体教学与个别辅导相结合、培训时间上的职前与职后并重等原则，切实提升教师的教学能力和水平。

四、专业的学生学业咨询机制

大学生入学年龄一般在 18 岁左右，此时他们已经成人，拥有了一定的知识基础和自我管理能力。但从实际情况来看，很多学生上大学以后依然不知道为什么学习、学习什么、怎么学习，为此迷茫、无措甚至自暴自弃，白白浪费了几年的大好时光。他们渴望高校建立专业的学生学业咨询机制，为他们提供学业上的专业帮助。然而，当前我国高校的学业咨询往往分散于辅导员、班主任、心理健康咨询中心等人员和机构之中，而这些人员和机构在学业咨询上的专业性往往不足，导致高校学生学业咨询难以满足学生需求。为此，我们可以学习国外一流大学的经验，建立专业的学业咨询机制。例如，学术事务服务体系是美国大学最大的服务体系。其中，学术事务服务部门设有专职的学术辅导教师，从新生入学开始就为他

---

① 宋德发. 如何走上大学讲台——青年教师提高讲课能力的途径与方法研究［M］. 湘潭：湘潭大学出版社，2013：189.

们提供学术指导，包括开设新生体验课，帮助学生制订学习规划、选择专业等。① 随着我国高校学生学习弹性的加大，学习美国经验、建立专业的学术事务服务体系的必要性将不断凸显。

五、人性化的教师压力防控机制

人的精力有限，过重的教学、科研压力和负担将导致教师忙于上课，而不是忙于用心上好课；忙于科研，却是忙于生产"短平快"的作品。这种"忙"从长远来看将对教学和科研带来致命性的伤害。如果不解决这一问题，不仅"金课"实现起来困难重重，"一流大学和一流学科"的建成也将缺乏充足的时间和精力。因此，要使教师既有心又有力于教学，还需要建构人性化的教师压力防控机制，舒缓高校教师教学、科研等方面的压力。在 2018 年全国两会记者会上，时任教育部部长陈宝生就曾表示，现在老师负担很重，为此他呼吁，要把时间还给老师，让老师有足够的时间和精力研究教学、备课充电、提高素质、提高质量。② 具体来说，要舒缓教师的压力，高校应从总体上把握教师的工作量，使教师把课上少、上好。与此同时，还要减少各类检查、评估和不必要的会议，解放教师的教学生产力，让他们有充分的时间教书育人。

六、有力的总学分（学时）控制机制

"金课"必然是实现了学生深度学习而非浅层学习的课程，而要实现

---

① 刘兴友. 以学生学业为核心的美国大学教育服务体系及启示 [J]. 世界教育信息，2016（4）：51-55.

② 柴葳，刘博智. 努力让每个孩子都能享有公平而有质量的教育 [N]. 中国教育报，2018-03-17（1）.

深度学习，就必然需要学生投入充足的时间和精力到课程学习之中。根据邬大光教授对高校学分数据的统计，美国大多数大学对本科生的毕业要求是修完 120 学分，而我国很多高校的要求则是 170 学分。① 学生的精力是有限的，大学生需要完成的总学分（学时）过多，意味着他们平均花费在每一门课上的时间和精力将会减少，导致他们忙于上课、完成任务，而无法将更多精力放在深度学习之上。在这种情况下，想要实现"金课"较为困难。为此，高校应在教学观念上树立"质量胜于数量"的理念，控制总学分与总学时，为从"多而浅"的课程学习走向"少而精（深）"② 的课程学习创造条件。

七、结语

从生态学的视角来看，高校和高校之中的人都处于一定的环境当中，这种环境直接决定了其生存和发展状态。对此，英国教育家阿什比曾说："大学都是遗传和环境的产物。"③ 笔者之所以探讨和呼吁建设"金课"的保障机制，就在于为"金课"的普遍实现创造良好的生存土壤。当这种土壤越来越肥沃的时候，更多的"金课"就会自然而然出现在高校这个场域之中。

---

① 邬大光，滕曼曼，李端淼.大学本科毕业率与高等教育质量相关性分析——基于中美大学本科毕业率数据的比较分析 [J].高等教育研究，2016（12）：56-65.
② 潘懋元.高等教育学讲座 [M].广州：广东高等教育出版社，2010：219.
③ 阿什比.科技发达时代的大学教育 [M].滕大春，滕大生，译.北京：人民教育出版社，1983：7.

过于强调"就业率"，或会牺牲
教育质量"生命线"①

　　提高质量是当下我国高等教育改革的战略主题。与此同时，就业是最大的民生工程、民心工程、根基工程，是社会稳定的重要保障，也必须抓紧抓实抓好。尽管从理论上而言，就业与教育质量并非一对矛盾的范畴，但是从现实来看，当前在推进就业上存在一定的问题与不足，对教育质量造成了一定的消极影响。

一、过于强调毕业率或有损教育质量

　　高校毕业生就业是我国自高等教育扩招以来的热门话题。每到毕业季，从政府、教育主管部门到高校和社会大众对此都非常关心。推动高校毕业生就业，对于释放高等教育的社会功能、促进经济社会发展以及维护社会稳定是必要的。

　　"本科毕业率具有深刻的质量内涵，它是大学教育教学质量和学生学

---

① 发表于《中国科学报》2021年8月24日第7版，刊发时内容有所删改。

习质量有机统一的一把标尺。"① 根据邬大光教授等人所做的统计，近十年来，中美两国高校的本科毕业率呈现不同趋势。美国四年制高校本科毕业率整体偏低且增长趋势不明显，不同类型的高校本科毕业率分布区间在30%～60%，而且不同类型的大学本科毕业率存在明显差异；我国高校本科四年毕业率和学位授予率则普遍较高且呈现持续增长趋势，本科毕业率在90%以上，不同类型高校之间差异不大。② 由此可见，毕业率与高等教育质量的相关性在中美的表现截然不同，但从科学角度而言，这无疑是不合理的："特定时期出现的高毕业率和高就业率，绝不是真正的高质量，只是遮蔽了深层次的质量危机，不仅高等教育质量没有得到提升，还使质量受到破坏。"③

二、就业率统计须正视新变化

面对当前沉重的就业压力，以及把就业率作为硬性要求和评价指标给高校人才培养质量带来的负面影响，未来我们该如何应对？

首先，立足教育强国建设，把如何更有利于立德树人作为处理就业率问题的出发点。习近平总书记指出，"教育兴则国家兴，教育强则国家强"，强调"建设教育强国是中华民族伟大复兴的基础工程"。④ 高校作为专门的高等教育机构，担负着培养建设社会主义现代化强国、履行中华民

---

① 邬大光，滕曼曼，李端淼.大学本科毕业率与高等教育质量相关性分析——基于中美大学本科毕业率数据的比较分析［J］.高等教育研究，2016（12）：56-65.
② 邬大光，滕曼曼，李端淼.大学本科毕业率与高等教育质量相关性分析——基于中美大学本科毕业率数据的比较分析［J］.高等教育研究，2016（12）：56-65.
③ 邬大光，滕曼曼，李端淼.大学本科毕业率与高等教育质量相关性分析——基于中美大学本科毕业率数据的比较分析［J］.高等教育研究，2016（12）：56-65.
④ 习近平谈教育发展：教育兴则国家兴，教育强则国家强［EB/OL］.中国共产党新闻网，2018-09-10.

族伟大复兴历史使命的高级专门人才的重任。然而，习近平总书记指出："当前，我国高等教育办学规模和年毕业人数已居世界首位，但规模扩张并不意味着质量和效益增长，走内涵式发展道路是我国高等教育发展的必由之路。"[①] 因此，从战略角度而言，我们应把如何更有利于立德树人、建设教育强国作为处理就业率问题的根本出发点。这也意味着高校应把关注点放在更基础和长远的人才培养质量之上，意味着不为一时的就业而把人才培养质量放在次要的位置，意味着在更高层次上关心就业率问题。

其次，充分认识新时代大学生就业的特殊性，延长就业率考核周期。大学生就业有阶段性特征，当前大学生就业的一个重要特征就是"慢就业"。所谓"慢就业"，是指"一些大学生毕业后既不打算马上就业也不打算继续深造，而是暂时选择游学、支教、在家陪父母或者创业考察，慢慢考虑人生道路"[②]。随着我国社会的发展、就业观念的转变，一些大学生一改过去"毕业即就业"的做法，"慢就业"越来越普遍。特别是对新时期的大学生而言，他们的选择意识大大提高，已经从单纯的就业向高质量就业转变。面对这种与过去截然不同的现实，教育主管部门应放松心态并改革过去的考核方式，放宽就业率考核周期，如放宽到大学生毕业半年乃至一年后，而不是以初次就业率评价高校的就业工作，从而给予学生更为充分的找工作时间，也给高校提供更为宽松的工作空间，避免急功近利、弄虚作假现象的出现。

最后，舒缓高校的就业职能，更加关注高校"就业力"的培养。严格而言，高校的根本职能是人才培养，履行的主要是高等教育的个体功能，

---

① 习近平谈教育发展：教育兴则国家兴，教育强则国家强 [EB/OL]. 中国共产党新闻网，2018-09-10.

② 杨书超. 新时代下大学生"慢就业"的辩证分析 [J]. 中国大学生就业，2017 (24)：50-54.

即促进人本身的发展。理论上，就业并不是其职能。而当高校培养的人参与社会生产、生活，进而影响了社会的存在和发展时，就形成了高等教育的社会功能。相比之下，个体功能是本体功能，社会功能是派生功能，后者发挥得如何，直接取决于前者的履行状况。因此，高校应重在提高人才培养质量和水平，充分实现学生的发展。从比较视域而言，国外"一般把就业率看作政府和社会的责任，把毕业率看作学校的责任"①。对比之下，当前我国要求高校做好就业工作，实际上是在高校毕业生逐年增加、就业压力严峻的状况下，不得已而为之的一种做法。随着"慢就业"等现象的出现，教育主管部门不妨考虑适当舒缓高校的就业职能，推动高校将重点放在对学生"就业力"的培养上，即在就业难时代，高校要有提升学生"就业力"的意识并将其落实到人才培养过程中，这才是高校作为高等教育机构应该履行的主要职责，也是当前高校克服人才培养与社会需求脱节短板的必要之路。

总而言之，强调放松就业率"紧箍咒"，并非完全否认高校在大学生就业严峻的形势下应该承担的责任，例如进行职业规划指导、开设相关就业讲座、组织招聘会等，而是揭示当就业率变成一种"不可承受之重"时，可能会给高校学风和人才培养质量带来一定的不利影响。未来，我国教育主管部门应从教育强国建设的战略目标和新时代大学生就业的特殊性角度出发，更好地处理高校人才培养与就业率要求之间的关系，使高校能在外在就业率考核高压降低的情况下严把质量关、恪守质量底线、切实保证人才培养质量。

---

① 邬大光，滕曼曼，李端淼. 大学本科毕业率与高等教育质量相关性分析——基于中美大学本科毕业率数据的比较分析［J］. 高等教育研究，2016（12）：56-65.

高校学生转学问题的教育学审视①

2023 年 7 月，北京 9 名高校学生将跨省转学的新闻一经报道，就引发了社会的极大关注。其原因一是涉及北京大学、北京航空航天大学、北京理工大学等知名高校。二是本次转学的范围不仅跨校，而且跨省、跨专业。三是转学在我国高等教育领域虽有政策，但操作难度一直较大。公众尤其是学生和家长对此抱有一定期待，但对其何以实现却存在困惑。为了让公众进一步熟悉转学制度，促进其作用充分发挥，也为了完善转学制度设计、推进转学实践进程，本文拟从教育学视角对高校转学问题进行分析与审视。

一、理念：旨在满足学生个性化需求

理念是行动的先导，教育实践往往意味着有一定的信念、思想和观念作为基础与支撑。可以说，秉持何种教育理念直接决定了我国高校在转学政策上的走向。20 世纪 80 年代，武汉大学在原校长刘道玉的主持下实施了一系列改革，其中就包括转学制度改革，其理念就在于他意识到"没有

---

① 以《高校学生转学：不应只是向下流动》为题发表于《中国科学报》2023 年 7 月 18 日第 3 版，刊发时内容有所删改。

爱就没有教育，不尊重学习者志趣的教育是屠宰心灵的教育"①。众所周知，当前国内很多学生在进入高校前，对学科、专业以及自身学术志趣与未来发展均不了解，当时做出的选择往往是盲目的，而转学正是高校在学生明确自身志趣后，给予的除转专业之外的另一种选择机会。

进一步而言，转学制度重在满足学生个性化的需求。这些个性化需求，不仅包括《普通高等学校学生管理规定》（下文简称《规定》）提及的"因患病或者有特殊困难、特别需要，无法继续在本校学习或者不适应本校学习要求的"这一情况，还应该包括个性化的学术兴趣，比如，对另外一所高校的环境与氛围更加向往，再如，目前的学校无法满足自身专业需求，想通过更换学校来满足。这也意味着，学生转学并不一定是往更好的学校流动，还可能往更加适合自身需求的学校流动。因此，高校招收转学生不能为了"掐尖"，而要为那些具有个性化需求的学生提供更加适合的机会。正如北京大学教育学院卢晓东教授所言，转学是"为不断变化发展的学生提供适切的学习机会和环境场域，以帮助其实现新的抱负和发展愿望"②。这应成为转学制度的理念基础。

当然，《规定》要求"学生一般应当在被录取学校完成学业"，所以有学者认为国家教育主管部门设置一定的转学门槛在情理之中。但就理想而言，高校教学管理制度应是富有弹性的，③ 其表现之一就是学校之间的边界不再森严，其背后是更加重视对经济社会发展和学生个体发展需求的回应。根据美国学者马丁·特罗的观点，处于不同高等教育发展阶段的课程

---

① 刘道玉. 一个大学校长的自白［M］. 武汉：长江文艺出版社，2005：184.

② 陈彬. 试点20余年 大学"插班"能否突破"时空盲区"［N］. 中国科学报，2023-05-16（4）.

③ 别敦荣. 论大学本科弹性教学［J］. 现代大学教育，2001（5）：70-74.

与教学形态不同。进入大众化阶段以后，课程趋向模块化，模块课程学分可以互换。因此，学生在主要学习领域或高校之间也更容易流动。① 当前我国高等教育已进入普及化阶段，普及化往纵深推进必然引发教育理念的更新与教学管理制度的变革，而后者也是判断普及化质量和水平的重要标准。因此，未来国家教育主管部门和高校应基于满足学生个性化需求、更好地促进学生发展这一理念，进一步提升转学政策的开放性。

二、制度设计：开放性有待提升

这次北京 9 名高校学生跨省转学事件并未引起民众质疑，原因在于他们总体上是由综合实力和水平相对较高的高校向相对较低的高校流动，守住了"分数公平"的底线。但是，理想的转学也应该可以反方向流动。事实上，"一考定终身"早已受人质疑——有些学生由于高考发挥失常或志愿填报失误，没有考进理想院校，他们希望通过自身努力在某个求学阶段转到更好的院校。但目前除非退学再考，否则学生只能一直留在某所院校。而有些学生考进了理想院校，却没有珍惜学习机会，例如，某"985"高校曾经就有 18 名本科生因学分不达标而被学校转为专科。② 这些现象引发了人们对于如何增加教学管理制度弹性的思考。

从美国高校的实践看，这种"逆向"流动大量存在。例如，美国深泉学院作为一所两年制学院，在 2014 年之前的 10 年间，有 16% 的学生转学至哈佛大学、14% 的学生转学至耶鲁大学和布朗大学、13% 的学生转学至

---

① 谢作栩. 马丁·特罗高等教育大众化理论述评［J］. 现代大学教育，2001（5）：13-18.

② 王之康. 华中科大 18 名大学生被"本转专"：严把出口关的试水之举［EB/OL］. 澎湃新闻，2018-10-23.

芝加哥大学。① 然而，这种往上流动的情况在我国较为罕见，这也打消了一些同学的转学念头："我大一还和室友讨论过，就是觉得转校后学校不如原来的好，觉得忍忍也就过去了。"

由此可以看出，中美高校在教学管理制度上的差距。可以说，与世界发达国家的高等教育相比，人才培养仍是我国高等教育改革发展中的短板，相关制度设计总体上还较为滞后，这直接制约了我国高校人才培养的总体水平以及拔尖创新人才培养的水平。当然，在世界最大规模的高等教育体系中实施转学无疑面临更为复杂的情境和问题。为维护基本的教学秩序，一所高校的转学生无论是"出"还是"进"，都不可能过多。然而，合理的制度设计应为真正有需求的人提供流动的渠道。

因此，未来的转学制度在标准上可以更严格，但应是开放性的。具体而言，它不应限于某省的地域内，这对其他高校的学生不公平；它也不应只是向下流动，否则将隔绝学生就读期间向上流动的渠道，固化"一考定终身"的问题；也不应只根据成绩来衡量和评价，而应对学生的道德、知识基础、创新能力等品质进行综合评价。

三、措施：转学工作需更加公开透明

从纵向而言，我国高校的转学制度在 20 世纪 80 年代以后推进较为缓慢，成功转学者较为少见。这导致虽然转学制度并非新生事物，但当前仍有相当一部分学生不知道就读期间可以转学。例如，笔者一直从事教育学科的学习、教学和科研工作，但在读研之前，笔者仍对此制度一无所知，研究生可以转学更是在读博以后才知道。同时，笔者还特意询问了目前在

---

① 雷泓霈. "盖房养牛"何以成为美国名校功课［J］. 教育与职业，2014（22）：88.

教育学专业就读的若干本科生，他们之中也有相当一部分并不知晓，仅仅知道中小学可以转学。尽管教育学科的学生并不必然对转学制度更加了解，但某种程度上也反映了一定时间段、一定范围内，转学制度在主要利益相关者群体中的知晓情况。

此外，有些学生虽然知道转学制度的存在，却不知道如何操作和获取相关信息："目前这个渠道不畅通，几乎很少有人知道要怎么转校，甚至都不知道可以转校。"从现实看，文化资本、社会资本乃至经济资本等其他因素在当前的转学工作中扮演了重要角色，但这些条件并不是所有学生和家长都具备的，因此产生了某些教育不公平甚至腐败问题。例如，2015年某高校一次性接收 17 名外校研究生转入就读，被公众质疑存在"转学腐败"问题，造成了极其负面的影响。但我们不能因噎废食，因为问题重点不在转学本身，而是制度设计及其执行，建设性的处理方式是对其进行改革与完善。

因此，在提升转学制度开放性的基础上，教育主管部门和高校需要进一步推进转学工作的公开、透明化。具体而言，一是公布招生专业与人数，以及转学的条件与程序。这两者不仅需要保持一定的稳定性，而且需要设置较高的准入门槛，从而避免学生盲目跟风流动，让真正有需求的学生提前对照准备，从而流动起来。二是公布高校处理转学问题的组织及其成员，必须具体到转出、转入、审核、拍板等各环节的参与者。三是公布拟招生的详细名单，包括转出学校、专业、高考录取分数以及转入学校、专业及高考录取分数等信息。以上内容都需要以官网、官微等渠道正式发布通知，让更多人知晓，同时也接受社会广泛的监督。

高校劳动教育的深泉经验[①]

党的十八大以来，劳动教育的地位大幅提升，这突出表现为国家将劳动教育同"德育、智育、体育、美育"放在同等重要的战略地位，提出了"五育并举"的教育指导理念。2020 年 3 月，中共中央、国务院印发了《关于全面加强新时代大中小学劳动教育的意见》（以下简称《意见》），就全面贯彻党的教育方针，加强大中小学劳动教育进行了系统设计和全面部署。然而，究竟如何开展劳动教育，运用哪些形式，实施哪些做法，还需要高校进一步探索。美国深泉学院（Deep Springs College，也有人译为"幽泉学院"）作为一所特色鲜明的大学，建校一百余年来一直将劳动作为教育理念之一并始终落实在人才培养过程之中，其经验可供我国高校参考与借鉴。

一、美国深泉学院概况

深泉学院的创始人是美国企业家卢西恩·卢修斯·纳恩（L. L. Nunn）。他在科罗拉多开金矿的时候，由于急需大量的电力，于是改行开了电力公

---

① 2020 年 4 月 8 日以《要想加强劳动教育，我们可以参考这所美国名校》为题发表于"一读 EDU"，与笔者指导的研究生王倩倩合作。

司。那时的电力还是一个新事物，很多人并不了解，于是纳恩决定自己培养人才。就这样，他招收了一批头脑灵活、身体强壮、手脚勤快的年轻人，平日在电力公司一边劳动、一边学习，当线路出现故障时便去维修。除了支付他们工资以外，纳恩还免去他们的生活费和培训费。这便是深泉学院的原型。① 1917 年，纳恩将注意力主要转移到办学上，于是在加州找到了一块占地 50 平方英里的沙漠，开办了这所坐落在山谷中的大学。

深泉学院地处美国加利福尼亚州与内华达州交界处，不仅交通非常不便，而且位置十分偏僻。在荒漠里，方圆上百公里不见人烟。由于恶劣的天气，电话和互联网经常中断，报纸则是通过邮局寄过来，通常都会晚两天。② 之所以如此选址，是因为纳恩认为，物质世界充满罪恶，他希望学生们远离物欲横流的世界，而且真正的伟人要能倾听"荒漠的声音"③。

深泉学院每年招收 13 名男生，学制为两年，学生的学费和生活费全免。一般情况下，学院由 26 名学生、3 名管理者、8~9 名教授及 5 名校工组成，④ 可称得上全世界规模最小的大学了。深泉学院管理非常严格，不允许学生擅自离开校园，严禁接触酒精和毒品，也不提倡看电视。⑤ 在完成两年制课程后，大多数学生会转入四年制大学以完成文学学士学位或理学学士学位。深泉学院有很多学生进入了世界一流大学，包括耶鲁大学、

---

① 朗天. 美国"深泉学院"：学费生活费全免 门槛高过哈佛 [EB/OL]. 科学网，2010-01-18.

② 求知，姜帅. 深泉学院："神秘"的"牛"校 [J]. 教育与职业，2012（4）：96-98.

③ 刘海峰. 美国深泉学院：一个世纪的坚持 [N]. 中国科学报，2017-07-25（5）.

④ 刘海峰. 美国深泉学院：世界高等教育的奇迹 [J]. 江苏高教，2016（1）：1-4，7.

⑤ 求知，姜帅. 深泉学院："神秘"的"牛"校 [J]. 教育与职业，2012（4）：96-98.

斯坦福大学、布朗大学和芝加哥大学等。由于每年录取的人数极少，建校百年间，深泉学院毕业生只有1000多人。①

100余年来，深泉学院始终坚持创始人纳恩在建校之初所立下的"劳动、学术、自治"的校训，为世界高等教育树立了一个独一无二的典型。深泉学院鲜明的办学特色主要体现在以下两方面：其一，在与世隔绝的沙漠深处，学生需要一边完成劳动任务，一边进行高强度的学术训练。所以走进深泉，你将发现，在这里读书，除了要完成学业任务外，还要完成耕地、挤牛奶、饲养、除草等一系列劳动任务。其二，学校实行学生自我管理。深泉学院给予学生充分的自治权，学生有权对学院的任何事情（包括学院日常运作、课程设置等）发表意见并施加影响。

二、美国深泉学院的劳动教育目的与实践

劳动教育是深泉学院的办学特色之一。建校百年来，深泉学院始终坚持"劳动是学校教育一个不可分割的部分"的理念，这也是其办学成功的原因之一。

（一）深泉学院强调劳动教育的目的

深泉学院之所以强调劳动教育，主要出于以下几点考虑：

一是为全校师生提供生活保障，保障学校自给自足。深泉学院偏僻的地理位置决定了需要自力更生、自给自足，而由于拥有自己的牧场和耕地，因此也具备自给自足的条件。为了保证学校的正常和持续运转，这个社区的每个人都应为此做出贡献。为此，学生除了日常卫生清洁工作外，还要分工负责早、中、晚三餐，参与耕种、放牧、修房子等工作。由此，

---

① 高阳. 深泉学院深几许？［J］. 天津政协，2014（9）：50-52.

我们也可以看出深泉学院劳动的一个特点——非常必要，也非常真实，即学生所做的这些劳动，并不是学校为了培养学生实践能力而设置的实习或者实训，而是保障全校师生日常生活必需的劳动。没有这些劳动，师生可能就没饭可吃、没有牛奶可喝。① 一位学生就曾表示："过去六个月，我一直负责屠宰加工牲口。我们所做的一切都是有用的，深泉因此而自给自足，也正因为如此，这里的学习才是免费的，这在美国大学中非常罕见。"②

二是通过劳动，发挥育人的作用。"深泉学院并不是技术学校，从事的是典型的学术型精英教育。"③ 如果说建校之初条件恶劣，需要学生一边读书、一边劳作还情有可原，那么今天依然这么要求的必要性已经大大降低。深泉学院建校百余年来之所以一直要求学生同时读书和劳作，主要是基于劳动价值所做的主动选择。一方面，培养学生自律和吃苦耐劳的品格。在人迹罕至的荒漠中学习、生活，同时又要从事高强度的劳动，坚持两年下来，绝非一般学生所能承受。而一直坚持下来的学生，无疑能在这个过程中经过磨砺和考验。"纳恩希望通过这样的方式，逐渐将学生的个人品格和社会品格塑造起来，为学生之后登上更大的舞台做好充分的准备和品格建设。"④ 另一方面，培养学生的责任感和社会服务意识。纳恩曾明确说道，学生到深泉学院学习的目的并不是要去追求物质上的成功，而是要将他们的一生投入为社会服务当中去。⑤ 具体而言，在深泉学院，学生

① 陈乐 . 美国深泉学院的"参与式"教育及其启示［J］. 高等教育研究学报，2017（3）：70-78.
② 求知，姜帅 . 深泉学院："神秘"的"牛"校［J］. 教育与职业，2012（4）：96-98.
③ 铁永功 . 假如在中国办一所深泉学院［N］. 新华每日电讯，2014-05-23（16）.
④ 孙朝靖 . 纳恩教育思想与深泉学院［J］. 世界文化，2016（3）：62-63.
⑤ 刘海峰 . 美国深泉学院：一个世纪的坚持［N］. 中国科学报，2017-07-25（5）.

是否按时参加劳动、劳动的好坏，直接影响师生的生活以及学校的正常运作。例如，"如果某个学生没有在清晨四点钟起来挤羊奶，那么早餐大家都没有鲜奶喝；如果你修不好拖拉机，每个人都吃不上饭"①。这个过程不仅使得学生发展起自律和吃苦耐劳的品格，也让他们意识到自己所承担的工作、对深泉学院乃至整个社会所肩负的责任。

（二）深泉学院的劳动教育实践

首先，在劳动时间上，除了学术和自治责任外，每名学生每周至少要完成20个小时的劳动。一般情况下，学生上午上课，下午劳动，晚上进行讨论。在深泉，学生们一天的生活在太阳升起前就开始了：清晨6点，负责播种的学生已经下地劳作，负责挤牛奶的学生已经在为全校师生做准备，而负责准备伙食的学生要比大家起得更早，这样才能保证大家吃上早饭。

其次，在劳动内容上，除正常上课外，每名学生都必须承担一项职责。从耕种、烹饪甚至杀鸡宰牛，到喂马、放牧、挤牛奶，再到修理、拉货、清理下水道，所有学生在校期间都要轮流完成不同的工作，工作内容两个月更换一次，这无疑可以使学生得到全面的劳动锻炼。

最后，在劳动方式上，实行分工与合作并行。对于打扫卫生和做早餐之类不需要多人共同进行的劳动，实行轮流分工制；对于耕种、修房子等一人无法完成的工作，则需要大家共同合作。这样独特的劳动计划可以使学生明确自己在社区中的角色，并努力做好自己的工作，有利于培养学生的主人翁意识和责任感。

虽然身处荒漠深谷，但在学生和老师的辛勤劳动下，深泉学院俨然成

---

① 王凡. 深泉学院真相：大部分美国人并不知道深泉［EB/OL］. 搜狐网，2014-06-01.

为一个自给自足的社区，而且能产出富余的干草和牛肉对外售卖。更令"深泉人"自豪的是，通过这种方式培养出来的学生与哈佛大学、耶鲁大学的毕业生相比，也丝毫不逊色。

三、对我国高校劳动教育的启示

《意见》指出："近年来一些青少年中出现了不珍惜劳动成果、不想劳动、不会劳动的现象，劳动的独特育人价值在一定程度上被忽视，劳动教育正被淡化、弱化。"这在高校也表现得比较明显。而深泉学院强调劳动教育的育人价值，在教育模式上采用实践和体验式教学，注重培养学生自理能力和社会服务意识等特点，可为我国高校下一步推进劳动教育实践提供诸多启示。

首先，在教育目的方面，我国高校在进行知识传授的同时，要将劳动教育放在重要地位，从而培养学生的自理能力和服务社会的实际才干。教育目的是人才培养的出发点和归宿，具有导向和激励功能。如果没有深刻认识到劳动亦是学习的重要内容，劳动品质是重要的培养目标，那么高校就可能只关注学生的"学习"，而将"学习"与"劳动"割裂开来。立足于"为谁培养人、培养什么样的人"这一基本问题，新时代高校劳动教育不仅要培养学生的劳动技能，更要注重学生劳动价值观、劳动习惯和劳动品质的培养。[①]

其次，在教育对象方面，我国高校要充分发挥学生在劳动教育中的主体作用。一方面，学生的生长不可能由学校和教育者来替代。学生只有在切实的劳动实践中，才能成长为在未来生活中承担责任的栋梁之材。因

---

① 岳海洋. 新时代加强高校劳动教育的价值意蕴与实践路径 [J]. 思想理论教育，2019（3）：100−104.

此，高校要让学生通过各种真实的劳动体验，达到知行合一的教育目标。另一方面，只有把学生作为教育的主体，而不是单纯视为对象，才能充分调动学生的能动性及蕴藏的潜力。为此，我国高校在劳动教育中应将学生作为活动的重要发起者和设计者。

最后，在教育形式方面，应注重将劳动教育与学校的日常事务以及学生的学习和生活相结合。在深泉学院，劳动与全体师生的日常生活和学校的正常运转直接相关，既锻炼学生的劳动能力、磨炼学生吃苦耐劳的品格，又直接解决学校的后勤保障问题。这给我国高校最大的一个启示是，不能单纯为了劳动教育而开展劳动，要把劳动融入高校日常事务以及学生的学习、生活中，进行"真实"的劳动。这样可以减轻高校后勤成本，但更为重要的是，能在日常实践中树立学生的劳动意识，培养学生的劳动习惯，锻炼学生的劳动和专业能力。从作用力而言，仅仅依靠每周一小时的劳动教育课程是很难达到以上这些效果的。

四、结语

目前在我国，无论是高等教育还是基础教育，劳动教育都已经大为萎缩。[①] 劳动教育的缺失，已经让我国教育界深以为悲。在高校，有学者指出，"自己动手、丰衣足食""不怕脏、不怕累"等劳动观念，已经离中国的大学生越来越远，甚至有些工科大学生的实习、实训也流于形式。[②] 对比之下，百余年来真正实行"教育与生产劳动相结合"的深泉学院无疑值得我们学习与参考。从前文来看，深泉学院给我国高校的最大启示就是，要通过劳动教育使学生认识到自己在社会中的角色，体验劳动的价值，锻

① 雷泓霈.《"盖房养牛"何以成为美国名校功课 [J]. 教育与职业, 2014 (22): 88.
② 刘海峰. 深泉学院给国内教育的启示 [N]. 光明日报, 2014-05-28 (2).

炼劳动的能力，进而培养自理能力和服务意识。而在实施方式上，应注重将劳动教育与高校的日常事务以及学生的学习和生活相融合，从而让劳动教育真正落地。

反思高校后勤社会化：从全面加强新时代劳动教育谈起①

2020 年 3 月 20 日，中共中央、国务院印发了《关于全面加强新时代大中小学劳动教育的意见》②（以下简称《意见》），就全面贯彻党的教育方针，加强大中小学劳动教育进行了系统设计和全面部署。我国高校后勤社会化源于 20 世纪 80 年代，是指"将高校后勤的服务经营活动从学校行政事业管理体系中分离出来，通过人员分流和资产重组，按照高等教育事业发展的需要和社会主义市场经济规律的要求，剥离学校办社会的职能"，"从而为高等教育的发展甩开包袱"③。两者看似是两回事，但实际上却有内在的逻辑关联。

一、新时代劳动教育对高校后勤的要求

目前我国无论是大学还是中小学，劳动教育都已经大为萎缩，这也导

① 2020 年 5 月 17 日发表于"一读 EDU"。

② 《中共中央 国务院关于全面加强新时代大中小学劳动教育的意见》［EB/OL］. 中国政府网，2020-03-26.

③ 鞠传进. 新时期中国高校后勤社会化改革的实践与探索（上）［M］. 北京：中国致公出版社，2009：12.

致"近年来一些青少年中出现了不珍惜劳动成果、不想劳动、不会劳动的现象"①。如有学者指出,"自己动手、丰衣足食""不怕脏、不怕累"等劳动观念已经离中国的大学生越来越远,甚至有些工科大学生的实习也流于形式。②

面对劳动教育的淡化、弱化以及青少年劳动素养缺失等问题,《意见》提出"全党全社会必须高度重视,采取有效措施切实加强劳动教育",要求"根据教育目标,针对不同学段、类型学生特点,以日常生活劳动、生产劳动和服务性劳动为主要内容开展劳动教育"。而在高校后勤之中,存在大量的劳动机会,例如,环境维护、超市运营、建筑与设施维修、园林设计与绿化、各类活动组织与后勤保障等。这些事务超越了专门课程,不仅完全可用于锻炼学生的生活自理能力、培养他们为集体服务的社会责任感,而且能为相关专业学生提供实习实训机会。这正契合《意见》对高等学校要"结合学科和专业积极开展实习实训、专业服务、社会实践、勤工助学等,重视新知识、新技术、新工艺、新方法应用,创造性地解决实际问题,使学生增强诚实劳动意识,积累职业经验,提升就业创业能力"的要求。

新时代劳动教育对高校后勤的要求,就是要充分利用高校后勤存在的大量劳动教育契机,将劳动教育与高校后勤自然融合,即把劳动蕴含到高校的后勤事务中,特别是与学生息息相关的学习和生活环境之中,使大学生在日常"真实"的劳动之中接受充分、有力的劳动教育,锻炼他们的劳动能力、磨炼他们吃苦耐劳的品格。这么做不但可以在一定程度上减轻高

---

① 《中共中央 国务院关于全面加强新时代大中小学劳动教育的意见》[EB/OL]. 中国政府网,2020-03-26.

② 刘海峰. 深泉学院给国内教育的启示 [N]. 光明日报,2014-05-28(2).

校后勤社会化所需承担的经济负担，而且可以通过有效的后勤运营增加高校的办学经费。

二、高校后勤过度社会化的弊端

实行高校后勤社会化的主要目的在于甩掉沉重的后勤负担、增强办学活力。然而，一些高校后勤过度社会化，把原本可以由高校师生员工做或者能做得更好、可利用自身力量为师生提供的服务推给社会，带来了不少弊端。

（一）劳动与劳动教育的淡化

《意见》指出："劳动教育是国民教育体系的重要内容，是学生成长的必要途径，具有树德、增智、强体、育美的综合育人价值。实施劳动教育重点是在系统的文化知识学习之外，有目的、有计划地组织学生参加日常生活劳动、生产劳动和服务性劳动，让学生动手实践、出力流汗，接受锻炼、磨炼意志，培养学生正确劳动价值观和良好劳动品质。"

然而，随着高校后勤社会化的推进，一些原本可以由学生劳动来解决的后勤事务开始由物业公司负责。这导致劳动与劳动教育在高校的被淡化程度，比中小学还要严重。例如，我国中小学生不仅要负责所在班级的教室清洁，每个班级还都有公共卫生区，但是这种做法在高校却很少见——似乎大学生的劳动能力已经很强，所以无须再培养，抑或劳动并不是大学生应该做的事情，他们只需要负责学习就好。即使打扫教室卫生这样的活动，亦变成专门为贫困学生提供的勤工助学机会。久而久之，大学生无须劳动渐渐成为心照不宣的传统，劳动与劳动教育也离高校越来越远。

（二）过度收费与服务品质下降

虽然国家教育主管部门在针对高等学校后勤社会化改革的指导思想和

原则中早已强调"高等学校后勤社会化改革必须始终坚持为学校教学、科研、师生服务的方向，处理好经济效益与社会效益的关系并遵循教育规律。改革要有利于提高高等学校后勤服务的质量和管理水平，有利于减轻学校的负担，有利于提高学校办学效益，有利于保证学校的发展和稳定"①，但由于商业逐利的本质以及急于收回投资等原因，一些高校的后勤实施社会化改革之后一度出现过度收费问题，而成本则转嫁到作为高校主要消费群体的学生身上，偏离了高校后勤的教育属性。例如，2019 年 9 月，某大学分校有学生投诉，学校一处收取 1200 元住宿费的学生公寓，却向学生收取高达 14000 元的服务费和一些设备使用费。② 这一新闻引发了社会广泛关注，当地政府为此成立联合工作组进行调查。最终工作组的通报称，相关公司存在收取增值服务费不透明、虚构成本、捆绑消费等问题。

与过度收费相伴随的一个反常但相关的现象是，一些高校后勤服务的品质并没有随着后勤社会化以及后勤成本增加得到提升。如一些高校食堂的卫生状况、就餐环境、饭菜品质与口味一般甚至不佳，还有学生发出了"减肥全靠食堂"的调侃。当然，这并不是说高校后勤社会化之后，必然会出现服务品质下降和价格上涨问题，而是说，现实中出现了由于管理不善导致后勤成本增加、服务品质下降的问题。

（三）师生关系的疏离

良好的师生关系是重要的教育力量，一定频率的师生交往是教育质量得以保证的必要条件。梅贻琦曾在《大学一解》中说道，"古者学子从师

---

① 教育部，等. 关于进一步加快高等学校后勤社会化改革的意见 ［EB/OL］. 中华人民共和国教育部政府门户网站，1999-12-14.
② 天价服务费引争议 高校后勤社会化应回归本心 ［EB/OL］. 搜狐网，2019-09-09.

受业，谓之从游。孟子曰：'游于圣人之门者难为言。'间尝思之，游之时义大矣哉。学校犹水也，师生犹鱼也，其行动犹游泳也。大鱼前导，小鱼尾随，是从游也。从游既久，其濡染观摩之效，自不求而至，不为而成"①。

在以往由高校提供教师住房的情况下，很多教师住在校内，师生同在一个"社区"，见面的机会多，交流的机会相对也多。随着后勤社会化渐趋深入，越来越多的教师住在校外甚至其他城市，师生之间的交流往往只局限在上课期间，那种于校园内自然而然"偶遇"后所进行的非正式交往与交流渐渐变得奢侈。与此同时，随着一些高校停办附属幼儿园、附属中小学，或将它们交给地方，教师子女的入园、入学也变得更为困难，一些教师由于子女未来学业发展而选择离开，造成了一定的师资队伍流失问题。

三、高校后勤社会化的科学思考角度

关于高校后勤，哪些内容和事项需要社会化，以及这些内容和事项的社会化究竟该达到何种程度，不能仅仅只从减轻高校后勤负担的角度去谋划。作为高校办学的重要组成部分，高校后勤管理应从服务学校和学生发展的角度去考虑。进一步而言，当前一些高校存在的后勤过度社会化现象，追根究底还是小部分管理者的懒政思想在作祟，没有真正从服务学校和学生发展的角度考虑高校后勤与育人的结合问题。

（一）服务学校发展

关于高校发展的关键，梅贻琦曾在就职演说中说："我们要向高深研

---

① 梅贻琦. 大学一解［J］. 清华大学学报（自然科学版），1941（00）：1-12.

究的方向去做，必须有两个必备的条件，其一是设备，其二是教授。设备这一层，比较容易办到，我们只要有钱，而且肯把钱用在这方面，就不难办到。可是教授就难了。"① 归纳而言，高校发展的关键就是师资与经费这两个要素。作为高校事业的一部分，后勤应为引进和留住高水平师资、增加办学经费提供强有力的支持和保障。

高水平的附属学校、附属医院等优质高校后勤服务不仅是高校品牌的一部分，也是吸引高水平师资"来"与"留"的重要力量，因为子女发展和健康是大家都颇为重视的两件大事。对此，从学校长远发展的角度而言，高校不仅需要努力提升自身的学术实力与水平，还应在条件允许的情况下，通过提升附属学校的教育教学质量、附属医院的医疗水平等手段来增加学校的整体吸引力，而不是一味将其视为负担，一甩了之。

要增加财力，无外乎开源与节流这两条路径，得力的高校后勤可以在其中发挥重要作用。例如，高校一方面可以利用自身的科研优势兴办一定的校办产业，使高校科研成果在转化为生产力的同时，也为学校创造一定的经济效益。另一方面，高校还应充分认识到高校市场的价值潜力，加强对高校市场的营销管理，通过合适的方式引入银行、移动运营商、网络运营商等战略合作企业机构，由高校提供市场和优质的客户资源，而由企业机构提供相对应的学校发展资金。②

（二）服务学生发展

高校是实施高等教育的专门机构，学生是其存在的根本，人才培养是其本质职能。因此，高校应利用自身所拥有的一切服务于学生发展。对于

① 梅贻琦. 大学一解 [J]. 清华大学学报（自然科学版），1941（00）：1-12.
② 戴长模. 现行政策约束下高校增收路径研究——以 S 高校为例 [J]. 商讯，2019（15）：6-7.

后勤，有识、有为的高校多将其作为服务学生发展的重要途径或手段。我国有着"教育与生产劳动相结合"的优良传统，应该将这一传统发扬光大。

除了本身是育人的重要途径以外，良好的后勤也是营造良好校园环境、保障学生安心学习的必要条件。最简单的一个道理是，吃得饱、穿得暖、睡得好、校园学习与生活有安全感，才有足够的精力和宁静的心绪投身学习。这就要求高校管理者要像关心自己孩子的衣食住行一样，为学生做好优质、周到的"后勤"工作。例如，英国雷丁大学除为学生提供学业辅导以外，还提供心理健康、就业指导、助学贷款、残障服务、朋辈支持、住宿事务、学生福利、签证移民，甚至子女托管、宗教服务等一系列服务内容，[①] 这就为学生安心学业提供了有力的保障。

四、结语

高校后勤是我国高等教育事业的重要组成部分，是高校教学与科研等一切活动顺利开展的基础和保障，直接影响高校人才培养、科学研究、社会服务和文化传承创新的质量和成效。[②] 从 20 世纪 80 年代起，我国开始推行高校后勤社会化，至今已近 40 年，已到反思其利弊得失的时候了。从新时代加强劳动教育的大背景来看，高校不能仅从减轻办学负担的角度去考虑后勤社会化问题，而应考虑后勤本身的育人价值。从高校发展的角度来看，高校应从服务学校以及师生发展的高度，决定后勤是否需要社会化及其社会化的程度。换而言之，是否有利于学校、学生和教师发展，才是决定高校后勤服务方式的根本标准。

---

① 王洛忠，陈江华. 服务与支持：英国里丁大学学生事务管理体系探微［J］. 教育研究，2017（2）：152-156.

② 孙雷. 一流大学需要一流后勤［J］. 中国高等教育，2015（21）：36-38.

推进大学生劳动教育，不妨考虑减少后勤"包办"①

2020 年 3 月，中共中央、国务院针对劳动教育淡化、弱化的问题，印发了《关于全面加强新时代大中小学劳动教育的意见》（以下简称《意见》），就全面贯彻党的教育方针，加强大中小学劳动教育进行了系统设计和全面部署。

《意见》提出，要求"根据教育目标，针对不同学段、类型学生特点，以日常生活劳动、生产劳动和服务性劳动为主要内容开展劳动教育"。在笔者看来，高校的后勤环节就有大量的劳动机会。譬如说，教学区与宿舍区的卫生保洁、餐饮服务等劳动，可用来锻炼学生的生活自理能力、培养他们为集体服务的社会责任感；而校内超市运营、建筑维修、园林绿化等则能给予相关专业学生实习实训机会。这也契合《意见》中高等学校要"结合学科和专业积极开展实习实训、专业服务、社会实践、勤工助学等"劳动教育形式的要求。

将劳动教育与高校后勤环节自然融合，能让劳动变得具体可感、更加

① 发表于《浙江教育报》2020 年 5 月 25 日第 3 版，刊发时内容有所删改。

真实，让大学生通过日常校园生活锻炼劳动能力、磨炼吃苦耐劳的品格，扭转他们不爱劳动、不珍惜他人劳动成果的观念，也能让他们从单纯的吐槽抱怨，转而对后勤服务人员换位思考，甚至还能促使学生发挥主观能动性，对高校各项后勤服务改进提出更好的建议。不过可惜的是，很多富有劳动教育价值的内容随着高校后勤社会化的推进，大多被高校"外包"出去，逐渐退出了学生日常劳动的范围。这也间接导致劳动与劳动教育在高校的淡化程度比中小学还严重。例如，我国中小学生不仅要负责所在班级的教室清洁，每个班级还都有公共卫生区，但是这种做法在高校却很少见。

因此，在新时代背景下推进大学生劳动教育，高校不妨在后勤环节上动脑筋，减少"包办"。育人的契机并非只存在于课堂，也蕴含在学生的日常生活之中。据了解，日本的绝大多数学校是不雇用清洁员的，学校所有的卫生保洁工作全由学生们自己打理。① 美国也有以劳动教育为特色的深泉学院，学生除了要完成日常的清洁卫生，还要分工负责早中晚餐等事务。这些做法不仅利用学生的力量维持了学校的正常运转，而且还充分借助后勤事务发挥了劳动的独特育人价值。

总而言之，后勤是高校办学的重要组成部分，而高校作为高等教育的专门机构，学生的全面发展才是其根本职能和本质追求。因此，对于后勤，高校不能仅算经济账，更要从学生发展的角度去考量，即利用后勤事务等自身所拥有的一切为学生发展服务。

---

① 日本这些"可怕"的细节，有些值得我们学习［EB/OL］. 搜狐网，2020-03-26.

第四篇

04

跨学科人才培养模式与机制

用好学科交叉"催化剂"育人：
理念、模式与机制[①]

近年来，随着我国高校学科建设的深化，学科交叉融合的趋势日益加强。对高校而言，要促进人才培养模式由学科专业单一型向多学科融合型转变，学科交叉融合无疑是必须要用好的"催化剂"。但要用好这个"催化剂"，还要在育人理念、育人模式和育人机制三方面综合发力。

一、跨学科育人应有系统性认识

跨学科育人理念是跨学科育人的先导、灵魂和根本性指导思想，对总体布局具有决定性影响。总体来看，它可以归结为对跨学科育人是什么、为什么和怎么办三个问题的认识，而树立跨学科育人理念也主要从这三方面着手。

跨学科育人是什么？跨学科育人是超越单一学科边界的人才培养活动，是对专业教育模式的超越而不是全盘否定。它与交叉学科关系密切，但并不限于交叉学科的人才培养活动，而是利用高校多学科的资源优势，

---

① 以《用好学科交叉"催化剂"：理念、模式与机制》为题发表于《中国科学报》2023 年 6 月 20 日第 3 版，刊发时内容有所删改。

在学科交叉上做足文章。严格而言，交叉学科是多学科相互渗透、融合形成的新学科，具有静态性质，而学科交叉重点强调的是传统学科间的交叉，是高校学科建设、人才培养与科学研究等活动的一种属性。不同学科间的内在联系意味着学科交叉以及相关活动的无限可能，现有边界也将不断被突破。如果将跨学科育人单纯理解为建基于交叉学科的活动，将会大大窄化其范围。从目标而言，跨学科育人既包括培养在某一跨学科领域具有专门知识与技能的跨学科人才，也包括培养所有学生一定的跨学科素养。

跨学科育人为什么？在社会层面，现实问题的复杂性与挑战性要求高校培养掌握多学科工具、能理解并解决这些问题的人才；在个体层面，目前按专业招生与培养的制度对学生的跨学科学习有较大的限制；在科学发展层面，交叉学科不断涌现，交叉领域不断延伸，需要在高校中以某种形式建立制度化的存在并进一步发展。面对内外部的新形势，高校应将培养专门的跨学科人才和具备一定跨学科素养的传统学科专业人才视为重要任务。

跨学科育人怎么办？"跨学科"的基本含义为涉及两个或以上的学科或领域。从其涉及的对象——学科的整合程度来看，跨学科又可以分成两种类型。① 其一是综合式的，即不同学科的知识进行了对比并通过整合加以改变，这种知识的整合或综合被视为跨学科的根本特点。其二是添加式的多学科，即学科间的联系较为松散，往往缺乏相互作用。尽管它的整合程度相对较低，但对学生形成多学科的知识结构、掌握多学科的思维方

---

① SPELT E J H, BIEMANS H J A, TOBI H, et al. Teaching and Learning in Interdisciplinary Higher Education: A Systematic Review [J]. Educational Psychology Review, 2009 (21): 365-378.

式、促进跨学科研究方向与新知识的生成具有重要作用。因此，跨学科育人要围绕这两种类型全面建构路径，而不能单纯强调基于综合的或添加的路径。

二、交叉学科与学科交叉应相互结合

推进跨学科育人，必须以具体模式为实施载体和操作路径。根据笔者对美国研究型大学的研究，其主要借助于课程、专业和学位三个教育教学要素进行组织，而建立在各要素基础上的具体形式又包括两种组织方式，①这两种方式分别对应上文跨学科的综合式与添加式两种类型。

一是独立方式，即要素本身就是跨学科的，具体形式包括跨学科课程、跨学科专业和跨学科学位。例如，密歇根大学不仅有"艺术、科学与技术"等大量的跨学科课程，还设有环境、神经科学、组织研究、国际研究等跨学科项目和专业以及跨学科性质的"通识学士学位"（Bachelor in General Studies，BGS）。

二是组合方式，即要素本身并非跨学科的，但通过要素的组合达到了跨学科的结果，具体形式包括课程的跨学科组合、专业的跨学科组合和学位的跨学科组合。仍以密歇根大学为例，其分布必修式（Area Distribution）的通识教育要求体现了课程体系的跨学科，双主修、主辅修是专业的跨学科组合形式，而联合学位（Joint Degree）、双学位（Dual Degree）、第二学位（Second Degree）则是学位的跨学科组合形式。

根据目前我国高校跨学科人才培养模式的现状，需要重点在以下两方面做好工作。

---

① 张晓报. 独立与组合：美国研究型大学跨学科人才培养的基本模式［J］. 外国教育研究，2017（3）：3-15.

　　一方面，在相对成熟的交叉学科基础上建设跨学科课程、跨学科专业与跨学科学位。所谓相对成熟，是指通过在学科交叉前沿地带的长期探索与研究，已经形成一套相对固定的概念、研究方法或范式，以及相对成型的知识体系，这无疑为跨学科的课程、专业以及学位建设提供了学科基础。首先，从高校内外相对成熟的交叉学科中精心选择内容，建设跨学科课程，为学生综合不同的思想与视角、发现知识的内在联系提供机会。例如，普林斯顿大学早在本世纪初就开设了"综合科学"（Integrated Science）课程，它以整合方式涵盖了物理、化学、生物以及数学、计算机科学等多个学科的核心内容，对有志于选择科学或工程专业的学生在多个领域打好基础具有重要意义。① 其次，充分了解知识或学科（新兴交叉学科）、社会、学生等多元主体的需求，并将其作为新兴跨学科专业与跨学科学位的生长点。例如，杜克大学认为，解决世界环境问题不仅需要理解生态系统，也需要理解作用于这些系统的文化、社会、经济和政治力量，因此创办了"环境科学与政策"（Environmental Sciences & Policy）专业。②

　　另一方面，充分利用学科交叉提供的无限可能，推进现有课程、专业和学位的跨学科组合。首先要以通识课程与选修课程为抓手，推进课程体系的跨学科，既要优化通识课程体系的建设，突出其"通识性"，也要提升选修课的比例，增加学生选择的空间。例如，美国哈佛大学、斯坦福大学、耶鲁大学等高校的选修课比例在 50% 左右，③ 这给学生探索其他学科或领域提供了充分的机会。其次要通过建构开放式的双主修、主辅修、双

---

① 郭德红. 美国研究型大学跨学科课程开发的经验与启示［J］. 中国高校科技，2017（5）：53-54.

② 杜克大学官网：http://nicholas.duke.edu/programs/bachelor-arts-environmental-sciences-policy.

③ 邬大光. 本科教育需要更深入更全面的改革［N］. 科学时报，2008-08-19（8）.

学位制度，推进专业或学位的跨学科组合。所谓开放，即从教育教学资源共享的角度出发，将第二主修、辅修、第二学位等跨学科修读方式与高校现有的主修专业、主修学位相互打通，而不是单独成为一个系统。① 换言之，某个主修专业可以是主修其他专业学生的辅修专业，也可以作为双学位所要求的另一个主修专业，而不是另行设置。这不仅节省了很多资源和精力，而且只要符合跨学科原则，这种组合可以是任意的，因此也丰富了学生的选择。从美国研究型大学的经验看，双主修与双学位涉及的两个主修和两个学位一般并非由学校指定。学校一般只要求两个学位的名称不能相同或两个学位要分属于不同院系，学生在此要求之下可以自由选择。

三、综合完善跨学科育人机制

由于跨学科育人涉及两个及以上学科领域的交叉与融合，因此在机制上有特殊要求。比如，如果按学科与专业配置资源而不能做到共享，跨学科育人就难以组织起基本的课程、师资以及仪器、设备等资源，跨学科选修课程、双主修与主辅修、双学位与联合学位随之也根本组织不起来。因此，教育部等三部委在 2018 年制定的《关于高等学校加快"双一流"建设的指导意见》中，不仅提出"制定跨学科人才培养方案"，而且要"探索跨院系、跨学科、跨专业交叉培养创新创业人才机制"。

从现状来看，我国高校要从以下几方面建立健全与跨学科育人模式相适应的机制：

一是设置专门的组织与协调机构，为跨学科育人提供组织归属和行政支持。在这方面，高校应根据经济与社会发展需要、学生的跨学科学习需

---

① 张晓报. 我国高校跨学科人才培养面临的困境及突破——基于理念、制度和方式的分析 [J]. 江苏高教，2017（4）：48-52, 98.

求，以及本校交叉学科发展成效等，设置跨学科院系与研究中心。例如，康奈尔大学跨学科研究机构就有 100 多个。① 此外，由于学科型组织和职能部门往往各自为政，高校需要建立跨学科育人的负责机构或协调机构，进行全校跨学科育人相关事务的统筹。例如，哈佛大学 2007 年专门成立了"哈佛科学与工程委员会"，用以指导跨学科研究和教育活动。②

二是建立课程共享机制，为跨学科组合课程提供前提保障。高校应建立不同院系、不同类型课程（如必修与选修课程、主修专业与辅修专业课程、本科生与研究生课程、长学期与短学期课程）的开放制度，打破课程共享的院系壁垒和课程类型的人为界限，实现课程资源在全校范围内的统筹利用，为跨学科组织课程创造可能。例如，可以通过将选修课"嵌入"必修课的方式，实现必修课作为选修课的价值，从而在无形中扩大选修课的比例。

三是建立专业共享机制，为跨学科组合专业与学位创造可能。具体而言，高校可将现有专业向其他专业学生开放，以嵌入式修读的方式提供双主修、主辅修与双学位、第二学位等跨学科修读选择。例如，北京大学对于主修与辅修和双学位学生，在课程教学质量上的要求是一致的，一般情况下所有选课的学生都在同一课堂，完成同样的作业和考试。③

四是打破教师的院系和专业隶属，为跨学科教学与指导创造条件。高校要努力推进教师从院系所有回归学校所有，从而打破学科与院系壁垒，促使教师根据跨学科教学与科研需要，在校内多个学术单位工作。在此基础上，高校还应在校级层面统筹考虑教师的整体工作量，并做好跨学科成

---

① 康奈尔大学官网：http：//www. cornell. edu/academics/centers. cfm.

② 朱永东. "双一流"高校要重视跨学科学术组织建设——基于美国研究型大学跨学科学术组织管理模式的分析 [J]. 研究生教育研究，2018（6）：64-69.

③ 温才妃. 北京大学发布双学位/辅修新政 [N]. 中国科学报，2017-04-11（6）.

果认定和职称评聘等相关配套制度设计，从而解除教师的后顾之忧。例如，密歇根大学于 2004 年发布了《密歇根大学联合聘任教师指导规范》，对聘任、考核、晋升、留任、解聘、争议处理等一系列联合聘任事宜做了明确规定，建立起较为规范和完善的联合聘任制度，有力地扩充了跨学科学术队伍。①

---

① 朱永东，张振刚. 联合聘任制：密歇根大学的探索与实践 ［J］. 高等工程教育研究，2017 （4）：127-131.

跨学科教育的美国研究型大学经验①

实施跨学科教育，是当前我国高等教育改革的一个重要内容与方向。如《国家中长期教育改革和发展规划纲要（2010—2020 年）》在明确指出"学生适应社会和就业创业能力不强，创新型、实用型、复合型人才紧缺"问题的同时，提出高等教育要"优化学科专业、类型、层次结构，促进多学科交叉和融合"。那么，如何进行跨学科教育？研究发现，跨学科教育不但备受美国研究型大学重视，而且已成为美国研究型大学本科教育和研究生教育的一个现实特征，其经验恰可作为我国高校的一个参考。

一、跨学科教育的理念

理念是行动的先导。美国研究型大学的跨学科教育实践典范在理念上就表现得非常明显。这种理念主要体现为大学相关主体尤其是管理层对大学性质与任务、人才培养目标以及路径等一系列问题的认识。

（一）跨学科的大学属性与职能观

伴随着人才培养、科学研究由传统的单一学科向跨学科转型，美国研

---

① 2020 年 3 月 9 日以《美国名校已经开始这么定义自己了!》为题发表于"一读EDU"。

究型大学开始从跨学科的角度定义自身，比如，宾夕法尼亚大学在学校主页的自我介绍中说道："欢迎来到宾夕法尼亚大学——一个跨越传统界限去追求知识的场所！"① 此外，杜克大学也认为投身于跨学科研究与教学是其身份和使命的一个标志性特征。② 因此，除了在性质上进行跨学科的界定之外，杜克大学还致力于创造使学生能够把握复杂问题（如环境污染、经济竞争力、人类健康和文化理解）多个维度的教育环境。③ 当然，这并不是说从内部学术组织看，这些大学都已成为跨学科大学，也不是说其所从事的工作都是跨学科的，只能说当今美国研究型大学具有了一定的跨学科大学的属性。

（二）跨学科的人才培养目的观

培养具有跨学科素养的人才是美国研究型大学本科教育的重要目标。这种跨学科素养首先表现为多学科的知识结构，正如宾夕法尼亚大学所说，"熟悉多门学科将是成功的未来领导者的标志：伟大的工程师必须也是伟大的管理者；成功的投资者和企业家必须也能够了解全球政治与经济——所有卓有成效的领导者必须掌握科学的本质"④。其次表现为跨学科的思维方式，即跨出单一学科的界限，从多个学科或其他学科的视角去考虑某个问题。对此，宾夕法尼亚大学指出，大学都有一种自然的倾向——喜欢把问题归入某一个学科或领域的范畴。但是，最具挑战性的问题往往无法被一个学科或领域所解决。学生和教师需要运用多学科的工具去理

---

① 宾夕法尼亚大学官网：http：//www. upenn. edu/about.
② 杜克大学官网：http：//interdisciplinary. duke. edu/about.
③ 杜克大学官网：http：//interdisciplinary. duke. edu/about.
④ 宾夕法尼亚大学官网：http：//www. upenn. edu/president/integrating-knowledge-fact-sheet#programs.

解、解决这些具有挑战性的问题。① 最后，这种素养还表现为与其他学科的学者组成团队、合作解决复杂问题的意识和能力。杜克大学认为，今天的挑战需要由来自不同背景的人员所组成的团队协作解决，公司、政府等组织都在寻求那些接受过处理复杂问题训练并在这方面有所实践的毕业生。②

（三）跨学科的人才培养路径观

在跨学科时代，很多大学将跨学科视为学科建设与发展、创新型与复合型人才培养的重要手段。例如，自柯尔曼校长③上任后，密歇根大学就着力提倡跨学科的理念。这是她根据新世纪以来科学研究的发展趋势，结合自己的办学经验提出的一个新的大学发展理念——"不合作就死亡"（Partner or Perish）。她认为，从学术发展的角度看，跨学科研究和教学更容易出人才、出成果，更容易实现学术创新。因此，在跨学科的发展理念下，该校的人才培养与科学研究无处不体现出跨学科的特色。④ 具体来说，为实施跨学科教育，在课程方面，密歇根大学采取了设置跨学科课程、要求学生跨学科修读课程（如通识教育为分布必修模式）等方式；在专业上采取了设置跨学科主修专业、双主修等方式；在学位上采取了设置通识学士学位和联合学位项目等方式，显现出较为系统的制度设计。

---

① 宾夕法尼亚大学官网：http://www.upenn.edu/president/penn-compact/integrating-knowledge.
② 杜克大学官网：http://bassconnections.duke.edu/content/about.
③ 密歇根大学第13任校长，也是该校历史上第一位女性校长。2002年就职，2014年7月卸任。
④ 邬大光.世界一流大学解读——以美国密歇根大学为例［J］.高等教育研究，2010（12）：82-93.

二、跨学科教育的组织机制

从行政管理上讲，所有的教育活动都需要"隶属于"某个单位，以便有人负责和支持。[①] 因此，跨学科教育的组织机制建设就显得尤为重要。

（一）跨学科建制改革

就组织机制而言，跨学科研究和学习的主要障碍是以学科为基础划分和设置系科的大学组织模式，这种组织模式使传统院系形成了既定的研究、学习兴趣，[②] 对跨学科研究、学习的兴趣和支持不足。为了克服跨学科人才培养的学科组织困境，美国研究型大学进行了一定的跨学科建制改革，包括创设跨学科院系、在传统院系之外设置新型跨学科研究机构等。[③] 例如，康奈尔大学目前在 14 个学院将近 100 个学系之外，还设有大量的研究中心（所）、实验室和项目，其中跨学科研究机构就有 100 余个。[④]

（二）推动传统学科组织展开跨学科教育合作

美国研究型大学在保持以分科为基础建立起来的传统学科组织的基础上，努力在跨学科人才培养方面开展合作。从斯坦福大学等美国研究型大学的实践来看，不同学科组织合作提供跨学科课程与跨学科专业、双主修与主辅修、双学位与联合学位是一种较为常见的现象。以斯坦福大学为

---

① The Boyer Commission on Educating Undergraduates in the Research University. Reinventing Undergraduate Education：A Blueprint for America's Research Universities ［EB/OL］. ERIC，2014-05-31.

② The Boyer Commission on Educating Undergraduates in the Research University. Reinventing Undergraduate Education：A Blueprint for America's Research Universities ［EB/OL］. ERIC，2014-05-31.

③ 焦磊. 国外知名大学跨学科建制趋势探析 ［J］. 高等工程教育研究，2018（3）：124-129.

④ 康奈尔大学官网：http://www.cornell.edu/academics/minors.cfm.

例，该校目前拥有 22 项可授予文学学士学位和理学学士学位的跨学科项目，其中多项由两个及以上的传统院系协作提供，如"生物医学计算"专业作为一个跨学院项目，汇集了工程学院、人文科学学院和医学院的教师、课程和研究等资源，可使学生参与到计算机科学、生物学和医学三者交汇而生的前沿领域之中。①

三、跨学科教育的制度保障

在制度方面，美国研究型大学不仅为实施跨学科教育制定了相应的教育制度，还制定了一系列管理制度以保障这些教育制度顺利实施。

（一）全面的跨学科教育具体制度

在教育制度方面，比较有代表性的包括双主修制度、主辅修制度、双学位制度、"个人专业"制度等。以"个人专业"为例，它是指学生可以在现有主修项目无法满足自身兴趣和需要的前提下，通过学校提供的机会另外制定主修专业。作为康奈尔大学、杜克大学以及加州大学伯克利分校等多所研究型大学提供的一项跨学科教育制度，"个人专业"旨在满足学生个性化的学术兴趣与发展需要，帮助学生从多个学科组织课程，以创造个性化的主修专业（项目）并探索创新性、跨学科的知识领域。

（二）支撑跨学科教育运行的管理制度

在管理制度方面，比较有代表性的则包括课程资源共享制度、教师联合聘任或双聘制度等。例如，跨学科教育需要多个学科的教师协同育人，仅仅依靠某一个学术组织的师资力量远远不够。这就要求教师在不同院系

---

① 斯坦福大学官网：https：//majors. stanford. edu/.

间流动，而不能被固定在某一学科或专业范围内。① 为此，美国很多研究型大学采用了由校内两个学术单位共同聘任某位教师的"联合聘任制"或"双聘制"，旨在实现师资在不同学科、院系和专业之间的共享，从而保证跨学科教育所需要的多学科师资。由于这种聘任方式既节约人力成本，又可以迅速扩充跨学科学术队伍，所以目前已成为美国研究型大学促进跨学科研究和教学的重要策略。②

四、跨学科教育的环境塑造

"办大学就是办氛围"③，我们要让学生在一定的文化和氛围中受到熏陶和浸染。跨学科教育也是如此。要使跨学科教育乃至跨学科研究生根、发芽，就需要培植相应的土壤。

（一）塑造跨学科的学习与生活环境

作为在跨学科实践方面走在世界前列的高校，美国研究型大学认识到跨学科文化与氛围的重要性，并通过各种方式去创造、传递这样的文化与氛围。例如，普林斯顿大学就注重塑造跨学科的学习与生活环境。该校的住宿学院系统使得98%的本科生能够住在校园中。这样一来，在食宿安排、课外活动和日常生活当中，本科生就组成了一个独立而完整的学生团体。此外，因为讲座、课程和实验室是共有的，所以不管本科生的主修领

---

① 邹晓东. 研究型大学学科组织创新研究 [D]. 杭州：浙江大学博士学位论文，2003：64.
② 项伟央，刘凡丰. 美国大学"双聘制"的困境与密歇根大学的实践 [J]. 教育发展研究，2010（5）：62-65，71.
③ 陈建强，刘晓艳. 高等教育改革的"领航者"——追记天津大学原校长吴咏诗 [N]. 光明日报，2016-04-25（6）.

域是什么，他们都可以获得一段共享的学术经历。①

（二）组织各类跨学科活动

除了塑造跨学科的学习与生活环境，美国研究型大学还注重组织跨学科课程教学与学习、跨学科科研、跨学科交往等跨学科活动。以跨学科科研为例，除了鼓励教师从事跨学科研究外，多所美国研究型大学还向学生提供了专门的跨学科科研机会，如麻省理工学院的本科生可通过"本科生科研机会项目"（Undergraduate Research Opportunities Program，UROP）寻找跨学科研究和学习机会，参与学校跨学科中心、实验室和项目的研究活动。② 密歇根大学亦设有专门的"本科生跨学科研究经历项目"〔Interdisciplinary REU（Research Experiences for Undergraduates）Program〕，例如，"蛋白质结构与功能"项目可向本科生在生物化学、生物物理学、化学信息学、计算化学、酶学、海洋生物学、分子生物学和植物生物学等领域提供 10 周的研究经历。③

五、结语

从 20 世纪 50 年代我国建立专业教育模式至今，已有 70 多年的时间，世界一流大学人才培养模式已发生巨大转变，而我国整个高等教育的人才培养模式却还是按照历史的惯性在走，没有跳出原来的专业教育模式。④ 这种模式的弊端已经体现在我国大学生的素质结构上，正如耶鲁大学前校

---

① 普林斯顿大学官网：http://www.princeton.edu/ua/sections/4/.
② 麻省理工学院官网：https://due.mit.edu/undergraduate-education-mit/what-under-graduate-education-mit.
③ 密歇根大学官网：http://pharmacy.umich.edu/reu/overview.
④ 邬大光.本科教育需要更深入更全面的改革［N］.科学时报，2008-08-19（08）.

长理查德·莱文（Richard Charles Levin）所指出的："跨学科知识的广度、批判性思维是中国学生缺乏的。"① 对此，我们所能做的就是，对学科壁垒森严的专业教育模式进行改革，给予学生充分的跨学科学习机会，美国研究型大学的以上经验为我们提供了参考。当然，美国研究型大学的经验并不局限在以上四方面。另外需要说明的是，实施跨学科教育也不意味着对专业教育的全盘否定，而是在保留后者合理性的基础上，进行一定的跨学科改革。

① 耶鲁校长点评中国留学生缺少批判性思维 [EB/OL]. 人民网，2011-06-02.

"辅修"与"学位"概念辨析[①]

目前，围绕复合型人才培养和优质资源共享，各高校积极探索，取得了一定成效，但也存在部分做法缺乏政策依据的问题。[②] 为分类推动复合型人才培养，国务院学位委员会于 2019 年 7 月印发《学士学位授权与授予管理办法》（以下简称"《办法》"），提出设置"辅修学士学位""双学士学位""联合学士学位"等 3 种学士学位类型。其中，对于全日制学生在本校自主选择读多个学位的，可以采取辅修学士学位方式。针对"辅修学士学位"，《办法》规定具有学士学位授予权的普通高校，可向本校符合学位授予标准的全日制本科毕业生授予辅修学士学位，同时要求辅修学士学位应与主修学士学位归属不同的本科专业大类，对没有取得主修学士学位的，不得授予辅修学士学位。我们该如何看待"辅修学士学位"这一提法？这需要对其中涉及的概念进行分析。

---

① 2019 年 11 月 27 日以《与其提出这个容易混淆的概念，不如多给高校自主权》为题发表于"一读 EDU"。

② 国务院学位委员会办公室负责人就《学士学位授权与授予管理办法》答记者问［EB/OL］. 中国政府网，2019-07-26.

一、辅修的概念及其要求

辅修对应的英文单词"minor"有两个相关解释：一为"A subject area of secondary concentration of a student at a college or university, or the student who has chosen such a secondary concentration"①，即某学院或大学学生聚焦的第二学科领域，或选择了一个第二聚焦领域的学生。前者在我国又被称为辅修或副修专业。二为"To choose or have an area of secondary concentration as a student in a college or university"②，即作为一所学院或大学的学生选择或拥有一个第二聚焦领域。由上可见，"辅修"的核心内涵是第二聚焦领域。

从学术要求来看，美国大学辅修需完成的课程或学分数通常约为主修的课程或学分数的一半。例如，宾夕法尼亚大学规定辅修课程门数通常是与其领域相同的主修的课程数量的一半；③ 华盛顿大学的主修至少要求 50 个学分，而大多数辅修只要求 25~35 学分。④ 从修读结果来看，美国学生完成辅修后，一般并不会被授予学位，甚至不会被单独发放辅修证书。如宾夕法尼亚大学⑤、康奈尔大学⑥、加州大学伯克利分校⑦和华盛顿大学⑧学生的辅修会印在成绩单（transcript）上，而不会出现在毕业文凭（diploma）上。然而，我国的《办法》规定："辅修学士学位在主修学士学位证书中予以注明，不单独发放学位证书"。当然，这是因为美国学生

①　维基词典：https://en.wiktionary.org/wiki/minor#English.
②　维基词典：https://en.wiktionary.org/wiki/minor#English.
③　宾夕法尼亚大学官网：http://www.college.upenn.edu/minors.
④　华盛顿大学官网：http://www.washington.edu/uaa/advising/majors/minor.php.
⑤　宾夕法尼亚大学官网：http://www.college.upenn.edu/minors.
⑥　康奈尔大学官网：http://www.cornell.edu/academics/minors.cfm.
⑦　加州大学伯克利分校官网：http://ls-advise.berkeley.edu/major/minor.html.
⑧　华盛顿大学官网：http://www.washington.edu/uaa/advising/majors/minor.php.

完成的是"辅修"（minor），但我国学生完成的是原本的主修之外的"其他本科专业"（major）。不过，因为汉语的多义性，"辅修学士学位"可能仍会带来误解：完成美国意义上的辅修（minor），获得中美共同意义上的学位（degree）。

令人担忧的是，2019年10月印发的《教育部关于深化本科教育教学改革 全面提高人才培养质量的意见》（下称"《意见》"）中的部分规定，进一步混淆了辅修（minor）与主修（major）在内涵、修读要求及结果上的差别。《意见》提出的相关规定包括，"逐步推行辅修专业制度，支持学有余力的全日制本科学生辅修其他本科专业"，"辅修专业应参照同专业的人才培养要求，确定辅修课程体系、学分标准和学士学位授予标准"。

二、学位的概念及其要求

学位是指"授予个人的一种学术称号或学术性荣誉称号，表示其受教育的程度或在某一学科领域里已达到的水平，或是表彰其在某一领域中所做出的杰出贡献"①。一般而言，学位"必须以高等教育的相应层次的教育作为基础或对象。两者类似名与实的关系，学位既不可能脱离相应层次的教育，也不可能自身直接成为培养人的活动"②。

可见，学位以教育为基础和前提。进一步来说，获得学位的教育基础和前提一般就是主修（major）。为了取得毕业文凭、获得学士学位，学生至少要选择并完成一个主修。只有完成主修的所有要求，才能获得相应的学位。而辅修（minor）学生因为在某个聚焦领域只完成了少量课程，所以

---

① 秦惠明. 学位与研究生教育大辞典 [Z]. 北京：北京理工大学出版社，1994：3.

② 叶绍梁. 学位的概念及其与研究生教育关系的辨析 [J]. 学位与研究生教育，1999（5）：65-70.

无法获得学位。

三、结论与建议：淡化主辅修概念，落实高校学位授予自主权

由上可见，辅修、学位与"辅修学士学位"并不是一回事。辅修（minor）不同于学位，也不授予学位。尽管"辅修学士学位"的提法为"学有余力的学生辅修其他本科专业"后获得的学士学位提供了政策上的统一称呼，却杂糅了主修（major）、辅修（minor）和学位（degree）3个概念。

从国外经验来看，根据目前笔者所掌握的资料，美国高校并没有"辅修学士学位"（Minor bachelor's degree）这个概念。在美国的语境中，辅修（minor）即辅修、学位（degree）即学位，二者不会杂糅在一起。

从本质来看，"辅修学士学位"并非一种特殊的学位类型，只不过是学生在攻读原有的主修、获得一个学位之外，另外攻读一个或以上主修并额外获得一个或以上的学位而已，这两个或多个学位并没有本质上的区别。有关部门之所以在学位名称前冠以"辅修"，还是受我国固有的主修、辅修观念的惯性影响。对学位而言，其实并没有主、辅修之分。

因此，笔者建议，与其提出"辅修学士学位"这个容易引起混淆的概念，不如淡化主、辅修的观念，规定学生在校期间可以多个主修为基础攻读多个学位，且赋予高校更大的学位授予权，保障高校拥有开设多个主修、授予学生多个学位的权利。

美国研究型大学"个人专业"的内涵与特点[①]

"个人专业"是美国研究型大学的重要专业类型，也是跨学科人才培养的重要形式之一。[②] 然而在我国，"个人专业"是一个陌生的概念，更鲜有大学有这类专业。虽然北大也有"一个人的专业"[③]，但这是源于就读人数而非专业性质。可以说，"个人专业"是我国大学缺失的重要专业类型，也是中美大学在尊重与满足学生个性化需求方面的一大差距。因此，研究美国研究型大学"个人专业"的内涵与特点，对我国高校尤其是研究型大学的"个人专业"建设具有重要意义。

一、美国研究型大学"个人专业"的内涵

在很多美国研究型大学，学生既可从学校现有的、已制定的专业中进行选择，还可在当前所有专业都无法满足其兴趣和需要的前提下，通过学校提供的机会制定个性化的专业。以卡内基梅隆大学为例，"学生自定专

---

①　2019 年 10 月 10 日发表于"教育文摘周报"微信公众号"国际观察"栏目。
②　张晓报. 独立与组合：美国研究型大学跨学科人才培养的基本模式 ［J］. 外国教育研究，2017（3）：3-15.
③　卢晓东. 一个人的专业不寂寞 ［N］. 中国青年报，2014-06-20（5）.

业"包括"音乐与社会""城市保护与规划""卫生政策""多语言研究""伦理政治与经济""多媒体通信""医学人类学"等。①

对于这类专业，各大学名称不一，但从下表可以看出它们多强调"独立""个人""个性化""自定"等内涵，因此可统称为"个人专业"。所谓"个人专业"，就是指在学校公布的专业之外，由学生个人发起申请并进行课程设计，以满足其独特兴趣、需要和发展目标的个性化专业。②

表 4.1 美国 8 所研究型大学"个人专业"的名称

序号	大学	"个人专业"名称
1	普林斯顿大学	Independent Concentration
2	宾夕法尼亚大学	Individualized Major
3	康奈尔大学	Independent Major Program
4	密歇根大学	Individual Major Program
5	加州大学戴维斯分校	Individual Major
6	卡内基梅隆大学	Student-Defined Major
7	伊利诺伊大学香槟分校	Individual Plans of Study Major
8	华盛顿大学	Individualized Studies

资料来源：根据各大学相关资料整理

二、美国研究型大学"个人专业"的特点

"个人专业"并非美国一两所研究型大学的个别行为，而是一个较为普遍的存在。根据对以上美国 8 所研究型大学"个人专业"的考察，该专

---

① 卡内基梅隆大学官网：https：//www. cmu. edu/dietrich/academics/degrees－majors－minors/student－defined－majors. html.

② 刘小强. 美国本科教育"个人专业"的启示 ［J］. 中国高教研究，2009（7）：38－43.

业类型主要具有以下三大特点：

其一，以学生个性化兴趣和目标为导向。大学尽管设置了多个专业，但也无法穷尽所有的学术领域，总有学生的学术兴趣会超越现有的专业范围。这个时候就需要提供一种额外的途径去满足学生的这种需要，于是"个人专业"应运而生。例如，考虑不可能预料或指定所有可能的本科生学习领域，伊利诺伊大学香槟分校文理学院创办了"个人学习计划"，邀请学生创建一个原创性的专业。[1]

其二，由学生自主发动并主要设计。与传统专业不同，"个人专业"的申请和设计主体是学生，包括兴趣的明确、专业的设计与开发等事项主要都由学生来完成。从目的来看，"个人专业"也旨在满足学生个性化的学术兴趣与发展需要，为其从多个学科组织课程并创造个性化、原创性、研究型、跨学科的专业提供机会。

其三，跨学科。"个人专业"以学生的个性化需求为依据，自然而然就超越了人为的学科划分和学科界限，因此具有浓厚的跨学科属性。它们或直接言明了跨学科性质，如华盛顿大学的"个性化研究"是学生可以自主设计的跨学科专业。[2] 或给学生提供了设计跨学科专业的机会，如加州大学戴维斯分校文理学院"个人专业"的设立就是为了给学生发展跨学科学习项目提供机会。[3]

---

[1] 伊利诺伊大学香槟分校官网：http://provost. illinois. edu/ProgramsOfStudy/2013/fall/programs/undergrad/las/indiv_ plans. html.

[2] 华盛顿大学官网：http://www. washington. edu/students/gencat/degree_ programsTOC. html.

[3] 加州大学戴维斯分校官网：https://lettersandscience. sf. ucdavis. edu/individual-major.

双学位与协同双学位有何不同
——基于美国研究型大学的考察①

2019 年 7 月，国务院学位委员会印发了《学士学位授权与授予管理办法》（以下简称《办法》），提出："具有学士学位授予权的普通高等学校，可在本校全日制本科学生中设立双学士学位复合型人才培养项目。"根据《办法》，该项目须由专家进行论证，应有专门的人才培养方案，经学校学位评定委员会表决通过、学校党委常委会研究同意，并报省级学位委员会审批通过后，通过高考招收学生。这实际上涉及对双学位、协同双学位两个不同概念的理解以及与此相伴随的教育实践，很有探讨的必要。

一、双学位

双学位（dual/double degree）与单一学位（a single degree）相对应，是指学生修完两个主修专业后，可获得两个独立的学位。对双学士学位而言，就是指学生在攻读一个主修专业、预计获得一个学士学位的同时，攻读另一个主修专业并将获得另一个学士学位。前者是取得毕业文凭、获得

---

① 2019 年 10 月 25 日发表于"教育文摘周报"微信公众号"国际观察"栏目。

学士学位的必要要求，可称为"基本的主修专业"（primary major），而后者则是学生出于个人的学术兴趣或未来的发展需要所做的额外选择，可称为"额外的主修专业"（additional major）。[①]

从美国研究型大学经验看，这两个主修专业和两个学位并非学校指定，而是学生的自我选择。校方给予的限制往往是，两个学位的名称不能相同，或两个学位要位于不同的院系。尽管有这种限制，但学生跨学科、跨院系选择另一个主修专业、攻读第二个学位的自由度仍然比较大。比如，普林斯顿大学 2013 年共有文科学士和工学学士两种本科学位，其中前者有 29 个学习项目，后者有 6 个学习项目。[②] 这么一来，学生就有 174 种选择。

二、协同双学位

协同双学位项目（coordinated dual degree program）以宾夕法尼亚大学为代表，是为学生提供的跨学科学习机会。通过它，学生可以完成一个专门的课程体系并从宾大四个本科学院中的两个学院获得两个学位。[③] 其中，沃顿商学院的协同双学位项目由该院与文理学院、工程与应用科学学院、护理学院三个本科学院合作提供，仅有 4 个，详见下表。

---

① 张晓报，陈慧青. 我国高校双学位教育的困境与出路 ［J］. 黑龙江高教研究，2017（11）：36-40.

② 普林斯顿大学官网：http：//www. princeton. edu/ua/sections/4/.

③ 宾夕法尼亚大学官网：https：//spike. wharton. upenn. edu/ugrprogram/advising/acadopp/coordinateddualdegree. cfm.

表 4.2 宾夕法尼亚大学的协同双学位项目

序号	项目名称	合作学院（授予学位）	
1	国际研究与商业亨茨曼项目（Huntsman Program in International Studies and Business）	文理学院（国际研究文科学士）	沃顿商学院（经济学理科学士）
2	生命科学与管理罗伊和戴安娜·瓦格洛斯项目（Roy and Diana Vagelos Program in Life Sciences and Management，LSM）	文理学院（文科学士）	沃顿商学院（经济学理科学士）
3	管理与技术杰罗姆·费舍尔项目（Jerome Fisher Program in Management & Technology）	工程与应用科学学院［工学士（BSE）或应用科学学士（BAS）］	沃顿商学院（经济学理科学士）
4	护理与保健管理（Nursing and Health Care Management）	护理学院（护理理科学士）	沃顿商学院（经济学理科学士）

资料来源：张晓报. 美国研究型大学跨学科人才培养模式研究［M］. 长沙：湖南师范大学出版社，2018：159.

三、双学位与协同双学位的对比

对比发现，协同双学位与双学位的相同点包括：涉及两个主修专业或学习领域，而且最终都获得两个学位；组织载体都涉及两个不同的学院。

究其区别，在于双学位项目不提供专门（specialized）课程，没有指定的（prescribed）学习课程。学生可以完成两个不同学院的传统课程，获得两个不同的学位；[1][2] 而协同双学位项目则由大学事先设计好，数量也很有限。如此一来，双学位的选择余地远远大于协同双学位，因为只要选择的两个主修专业符合双学位的规定条件，学生可以进行任意组合。

---

[1] 宾夕法尼亚大学官网：https：//spike. wharton. upenn. edu/ugrprogram/advising/acadopp/dualdegree. cfm.

[2] 宾夕法尼亚大学官网：http：//www. upenn. edu/programs/interschool. php.

由此可见，《学士学位授权与授予管理办法》中提出的"双学士学位复合型人才培养项目"并不是一般的双学位（项目），而更相当于美国研究型大学的协同双学位（项目）。

跨学科专业发展机制建设的美国经验[①]

　　跨学科专业是涉及两个或以上学科或领域的专业类型，它常常以某一区域、主题或者问题为研究对象。从域外实践看，跨学科专业已成为美国研究型大学进行跨学科教育的一种重要形式，同时也已成为这些大学专业总体的重要组成部分，其经验就在于以一套相对系统而有力的发展机制为支撑。所谓跨学科专业发展机制，就是指保障跨学科专业顺利设置、顺畅运行、不断成长的支撑性条件。从保障条件而言，只有创造了更加健全有力的机制，跨学科专业的设置才成为可能，运行也才能更加顺畅。当前我国不管是国家层面的专业管理体制还是大学内部的资源配置方式，都不利于跨学科专业的发展，美国研究型大学的经验恰可作为我国高校的一个参考。基于主要制约因素，笔者将跨学科专业发展机制分为动力机制、生成机制、组织机制、课程共享机制以及教师聘任机制五个主要部分，下文即从这五方面逐一对跨学科专业发展机制建设的美国经验进行分析。

[①]　2020年3月17日发表于"中国社会科学网"，刊发时内容有所删改。

一、动力机制：市场力量推动大学回应多元主体对跨学科专业的需求

跨学科专业发展的动力机制是调动、维持国家与大学设置并进一步发展跨学科专业积极性的促动机制。美国研究型大学跨学科专业之所以较为普遍，首要条件在于他们充分认识并尊重学科、学生、社会等多元主体对跨学科专业的需求：学科需求，即交叉学科或领域需要在大学中以某种形式建立制度化的存在；学生需求，即学生对交叉学科或领域的跨学科学习需要；社会需求，即现实问题的复杂性与挑战性要求大学培养掌握多学科工具、能够理解并解决这些问题的人才。

面对这些需求，美国研究型大学进行了积极回应，自觉将这些需求作为跨学科专业的生长点。以卡内基梅隆大学为例，"计算生物学"项目为那些对生物学和计算机科学的交叉感兴趣的学生所设计，"音乐与技术"项目面向那些想将音乐技术作为一门职业进行追求的学生，① "计算金融学"项目的成立源于用人单位寻找同时在金融、数学、统计和编程等关键领域具备技能的本科生。② 从根源来讲，美国研究型大学之所以积极回应多元主体对跨学科专业的需求，是因为美国大学面临着政府资助、生源等方面的竞争，这些竞争迫使它们普遍具有很强的市场敏锐性和社会适应性，能根据市场变化及时调整专业，适时满足不同的社会需求，③ 这就促使大学把多元主体对跨学科专业的需求转化为跨学科专业的建设实践。

---

① 张晓报. 美国研究型大学跨学科人才培养模式研究 [M]. 长沙：湖南师范大学出版社，2018：108.
② 卡内基梅隆大学官网：http：//www.math.cmu.edu/~bscf/.
③ 饶燕婷. 美国高校专业设置及调整机制研究 [J]. 大学（研究版），2018（11）：69-77，68.

二、生成机制：专业管理体制提供了跨学科专业设置的自主权

生成机制是指保障跨学科专业设置成为可能的前提性条件，突出表现为国家的相关政策与制度是否为跨学科专业设置提供了空间。美国研究型大学跨学科专业发展之所以较为顺畅，一个重要原因在于美国大学具备前提性条件——拥有专业设置自主权。这种自主权具体体现在，大学不仅可以决定设置什么专业，而且可以决定专业名称、专业种类和授予的学位。究其原因，是因为美国政府尊重大学的自治传统，其中联邦政府主要发挥的是宏观引导的作用，作为真正管理者的州政府不直接参与大学的运行，因此大学具有高度的独立性和自主权。①

值得说明的是，美国没有统一而硬性的"学科专业目录"，所谓的目录实际上是"教学项目分类"（Classification of Instructional Programs，CIP）。不同于我国的学科专业目录既用于教育统计，也用于招生、培养和学位授予，CIP 并不是官方组织或批准的项目的规定性目录，只是一个标准的统计编码工具，即对大学开设的学科专业进行收集并予以分类，从而提供全国范围内的学科专业信息。② 与此同时，即使是一个分类编码方案，CIP 也设置了专门的"多学科/跨学科研究"（MULTI/INTERDISCIPLINARY STUDIES）项目群（相当于我国的学科门类），为跨学科专业提供了契合其属性的分类。

---

① 饶燕婷. 美国高校专业设置及调整机制研究［J］. 大学（研究版），2018（11）：69-77，68.
② 鲍嵘. 美国学科专业分类系统的特点及其启示［J］. 比较教育研究，2004（4）：1-5.

三、组织机制：传统院系合作与跨学科建制改革并举化解了学科组织困境

组织机制是指大学为跨学科专业运行提供的组织载体，主要表现为设置相关教学科研组织以及建立协调这些组织有效运行的机制。从组织载体而言，"博耶研究型大学本科教育委员会"（The Boyer Commission on Educating Undergraduates in the Research University）认为，跨学科研究和学习的主要障碍是大学的组织模式，后者在传统的、确定的院系里形成了既定的兴趣。一些大学认识到这种结构的局限性，因此成立了一些新的院系，批准了一些新的计划，设立了一些新的中心。这些中心不断地要求相关院系去教授相关课程，而院系却不愿意这样做，因为这些跨学科的项目会消耗它们教授本院系课程的教师。此外，院系的界限和报酬结构（reward structures）也阻碍了有兴趣从事跨学科教学的年轻教师从事这项工作。①

为了克服跨学科专业发展的学科组织困境，优化与完善大学组织建设随之提出。首先，美国研究型大学在保持以分科为基础建立起来的传统学科型组织基础上，努力推动这些组织在跨学科人才培养方面的合作。以斯坦福大学为例，该校目前拥有可授予文学学士学位和理学学士学位的跨学科项目22项，其中多项由两个以上的传统院系协作提供，如"生物医学计算"（Biomedical Computation）专业作为一个跨部门的项目，汇集了工程学院、人文科学学院和医学院的教师、课程和研究等资源，可使学生参与到计算机科学、生物学和医学三者交汇而生的前沿领域。② 其次，进行一

---

① 朱清时 . 21世纪高等教育改革与发展——国外部分大学本科教育改革与课程设置［M］. 北京：高等教育出版社，2002：95.

② 斯坦福大学官网：https：//bmc. stanford. edu/.

定的跨学科建制改革：一是重构传统院系组织架构，创设跨学科院系；二是在传统院系之外设置新型跨学科研究机构。① 例如，加州大学伯克利分校在 14 个学院共 130 个学系之外，还有 80 个跨学科研究单位，这些组织提供的学位项目合计超过 350 个。② 此外，为了加强对跨学科组织发展的行政支持，美国很多研究型大学开始设置专门的管理部门，如伊利诺伊大学设立了主管科研的副校长办公室。③

四、课程共享机制：课程资源高度共享提供了专业所需的多学科课程

跨学科专业的运行需要相关学院的课程向跨学科专业学生开放，供学生自由选择。否则仅仅依靠跨学科专业所在的某个学术组织，课程的学科覆盖面和门数根本无法保证。为此，美国研究型大学不仅强调课程共享的理念，而且也将这一理念较好地落到了实处。

就理念而言，普林斯顿大学的"讲座、课程和实验室是共有的，所以不管本科生的主修领域是什么，他们都可以获得一份共享的学术经历"④。也就是说，普林斯顿大学的学术资源是面向全体学生开放的，学生并不会因为在某一个专业或者院系而受到限制。

就实践而言，衡量一所大学课程共享程度的高低，选修课比例是一个重要指标。在美国研究型大学之中，哈佛大学、斯坦福大学、耶鲁大学等学校的选修课比例在 50% 左右，⑤ 而卡内基梅隆大学的自由选修课程甚至

---

① 焦磊．国外知名大学跨学科建制趋势探析 [J]．高等工程教育研究，2018（3）：124-129.

② 加州大学伯克利分校官网：http://www.berkeley.edu/about/fact.shtml.

③ 张伟，赵玉麟．大学跨学科研究系统建构及其对我国大学的启示 [J]．浙江大学学报（人文社会科学版），2011（6）：47-58.

④ 普林斯顿大学官网：http://www.princeton.edu/ua/sections/4/.

⑤ 邬大光．本科教育需要更深入更全面的改革 [N]．科学时报，2008-08-19（8）.

可以是该校的任何一门课程。① 进一步来说，不同于我国大学的专业规定课程模式，美国大学是课程组合专业②：专业是柔性的课程组织，背后没有对应的实体，这是美国大学学生能自由选择专业，大学能方便组织跨学科专业的重要原因。③ 很明显，专业是有限的，然而课程是丰富的，而课程资源开放与共享无疑为美国研究型大学灵活组织课程、设置和调整跨学科专业创造了有利条件。

五、教师聘任机制：教师流动与互聘提供了专业运行所需的多学科师资

跨学科专业的运行需要多个学科的教师协同育人，仅仅依靠某一个学术组织的师资力量远远不够。例如，华盛顿大学的"环境项目"作为融合了多个研究领域的跨学科项目，为了使师生能够从多视角探究复杂的环境问题，就从多个学科吸收了大量的教师。④ 这要求大学"不将学科组织成员固定在某一学科或专业范围内"⑤，允许教师在不同院系间流动与工作。

为此，美国很多大学采用了校内两个学术单位共同聘任某位教师的"双聘制"或"联合聘任制"（Joint Appointment）。这种方式既节约人力成本，又可以迅速扩充跨学科学术的队伍，已成为美国大学促进跨学科研究

① 张晓报．美国研究型大学跨学科人才培养模式研究［M］．长沙：湖南师范大学出版社，2018：175．
② 常思亮．大学课程决策研究［D］．长沙：湖南师范大学，2010：123．
③ 谈小媚，漆丽萍，卢晓东．专业自主选择与跨学科专业建构的实践——以北京大学元培学院为例［J］．中国高教研究，2011（1）：54-57．
④ 华盛顿大学官网：http://www.washington.edu/uaa/advising/majors/minor.php．
⑤ 邹晓东．研究型大学学科组织创新研究［D］．杭州：浙江大学，2003：64．

和教学的重要策略。[①] 例如，密歇根大学 2004 年发布了《密歇根大学联合聘任教师指导规范》，对聘任、考核、晋升、留任、解聘、争议处理等一系列联合聘任事宜做了明确规定，并要求不同聘任单位和聘任教师在共同协商的基础上签署正式的书面"备忘录"，从而建立起了较为规范和完善的联合聘任制度，[②] 在很大程度上解决了"双聘制"可能带来的教师没有学科归属感、考核与晋升障碍等问题。

六、结语

当前，经济社会发展和学生个人发展的需要亟待对学科壁垒森严的专业教育模式进行改革，给予学生充分的跨学科学习机会，而建设跨学科专业就是改革的一项重要内容与路径。从前文的美国经验看，它为我国建立、健全跨学科专业发展机制提供了如下启示：建立多元主体需求导向的专业设评机制，完善专业设置逻辑；优化专业管理体制，创造跨学科专业设置的制度条件；设置专门组织与协调机构，健全跨学科专业组织机制；建立课程共享机制，提供跨学科专业运行的课程基础；探索联合聘任制或双聘制，打破教师的院系和专业隶属。

---

① 项伟央，刘凡丰. 美国大学"双聘制"的困境与密歇根大学的实践 [J]. 教育发展研究，2010（5）：62-65，71.
② 朱永东，张振刚. 联合聘任：密歇根大学的探索与实践 [J]. 高等工程教育研究，2017（4）：127-131.

加强资源共享，促跨学科人才培养落地①

跨学科人才培养无论是对培养社会需要的复合型人才、满足学生的跨学科学习兴趣，还是对促进学科交叉融合、推动科技发展，都具有十分重要的价值。然而，当前我国高校普遍采用的是专业教育模式，该模式已经无法很好地适应社会、学生和新兴交叉学科对人才培养模式的需求，跨学科人才培养随之成为我国高等教育改革与发展的大势所趋。例如，2018 年8 月，教育部等三部委印发了《关于高等学校加快"双一流"建设的指导意见》，提出"制定跨学科人才培养方案"，"探索跨院系、跨学科、跨专业交叉培养创新创业人才机制"。2022 年 2 月，教育部等三部委印发《关于深入推进世界一流大学和一流学科建设的若干意见》，要求"推动学科交叉融合""布局交叉学科专业，培育学科增长点""面向集成电路、人工智能、储能技术、数字经济等关键领域加强交叉学科人才培养"。2023 年4 月，教育部等五部门印发《普通高等教育学科专业设置调整优化改革方案》，进一步提出"要打破学科专业壁垒，深化学科交叉融合，创新学科组织模式，改革人才培养模式"。而要推进跨学科人才培养，就需要

---

① 发表于《中国教育报》2023 年 4 月 17 日第 6 版，刊发时内容有所删改。

明晰其基本模式，并通过加强教育教学资源共享来保证模式的实施和落地。

一、跨学科人才培养可采取独立与组合两种模式

跨学科人才培养模式是在跨学科人才培养过程中采取的标准形式或样式，以及在这些形式或样式之下的具体方式、方法。西方国家的一些研究型大学主要借助于课程、专业和学位三个教育教学要素来组织跨学科人才培养，而建立在各要素基础上的具体方式又包括两种组织方式：一是独立方式，即要素本身就是跨学科的，具体形式包括跨学科课程、跨学科专业和跨学科学位；二是组合方式，即要素本身并非跨学科，而是通过要素的组合达到了跨学科的结果，具体形式包括课程的跨学科组合、专业的跨学科组合和学位的跨学科组合。①

从组织方式看，跨学科人才培养的独立与组合两种基本模式分别对应了跨学科的两种不同类型。与"跨学科"相对应的英文词汇为 interdisciplinary，其基本含义为涉及两个或以上的学科或领域。它是学科发展、人才培养和科学研究等活动的一种属性，因具有无限"交叉"的可能而具有动态性，与静态而成型的交叉学科截然不同。从"跨学科"这一概念的内涵中涉及的对象——学科的整合程度来看，跨学科又可以分成两种类型：一种是综合式的。不同学科的知识进行了对比并通过整合加以改变，这种知识的整合或综合被视为跨学科的根本特点。跨学科人才培养的独立模式正与这种类型相对应。另一种是添加式的。多学科之间的联系较为松散，往往缺乏相互作用。跨学科人才培养的组合模式正与这种类型相对应。尽管它的整

---

① 张晓报. 独立与组合：美国研究型大学跨学科人才培养的基本模式［J］. 外国教育研究，2017（3）：3-15.

合程度相对较低，但对学生形成多学科的知识结构、掌握多学科的思维方式、促进跨学科研究方向与新知识的生成具有重要作用。

二、组合模式普适性更强，相对更易实施

实施跨学科人才培养，无疑可以在独立模式上下功夫，即通过设计跨学科课程、跨学科专业和跨学科学位，进行跨学科教学和指导，从而提供整合程度更高的跨学科教育。然而，一方面，独立模式的覆盖面有限，因为跨学科课程、跨学科专业和跨学科学位的数量总是有限的，如果仅限于此而将跨学科人才培养的组合模式及其具体方式排除在外，跨学科人才培养的实施途径就会大大缩小，从而制约了跨学科人才培养的受益面。而如果将高校现有的大量课程、专业和学位等教育教学要素进行跨学科组合，组织成课程结构的跨学科、双主修、主辅修以及双学位、联合学位等形式，任何一所高校在跨学科人才培养上都能有所作为，也能够使原本有限的跨学科资源得到增加和拓展。并且，只要符合跨学科性的原则，这种组合可以是任意的、多种多样的，因而也能够更好地满足学生个性化的学术兴趣和发展需要。

另一方面，跨学科课程、跨学科专业和跨学科学位等形式对那些学科与科研实力相对普通的高校而言往往难以做到，因为这些形式要求高校和教师对某一跨学科领域有一定的研究和积累。例如，跨学科专业设置的一个重要背景在于新兴交叉学科或领域的兴起，它们需要在高校中以某种形式建立制度化的存在，从而得到传承和进一步发展。① 而这些新兴交叉学科或领域的生成需要具备很多条件，如在学科交叉的前沿地带展开长期的

① 张晓报. 美国研究型大学跨学科专业教育的实践及启示 [J]. 高校教育管理，2019（5）：92-103.

协同探索与研究，还要求在这一交叉领域形成一套相对固定的概念、研究方法或范式以及相对成型的知识体系，这对科学研究尤其是跨学科研究提出了较高的要求，而我国绝大多数高校都不是研究型大学。在这种情况下，跨学科专业的设置对一般高校而言无疑没有那么容易。相反，学科型专业因为依托的传统学科经过了相当长时间的发展已经相对成熟，所以设置更为便利。

三、建立健全与组合模式相适应的资源共享机制

当前，就我国高校的总体情况而言，从组合模式上推进跨学科人才培养更具现实可行性。这就需要对课程、专业与学位等不同学科的教育教学资源进行跨学科整合，而实现跨学科整合又要求这些资源是开放的。跨学科人才培养由于涉及两个及以上学科或领域的交叉与融合，对资源配置方式具有特殊要求。如果按照学科与专业配置资源，互不共享，跨学科人才培养就难以组织起基本的课程、师资以及仪器、设备等其他资源，跨学科选修、双主修与主辅修、双学位与联合学位也很难组织起来。然而，现实情况恰恰是，在专业教育模式主导之下，目前我国高校教育教学资源往往按照院系分割、互不开放。这导致高校的人才培养往往只能局限在学科与专业范围之内，不仅一些跨学科的人才培养项目难以开展，而且传统的专业教育也因此无法加强跨学科内涵的建设。①

为此，高校就要建立健全与跨学科人才培养模式尤其是其中的组合模式相适应的教育教学资源共享机制。

---

① 张晓报. 跨学科专业发展的机制障碍与突破——中美比较视角［J］. 高校教育管理，2020（2）：62-70.

一是建立课程共享机制，为跨学科组合课程提供前提。建立不同院系、不同类型课程的开放制度，打破课程的院系壁垒和课程类型的人为界限，实现课程资源在全校范围内的统筹利用，为跨学科组织课程创造可能。例如，通过将选修课"嵌入"必修课，可以实现必修课作为选修课的价值，无形中大大扩大了选修课的比例。

二是建立专业共享机制，为跨学科组合专业创造可能。可以将现有专业向其他专业学生开放，以嵌入式修读的方式提供双主修、主辅修选择。同时，还可依托现有专业的课程、师资等资源独立开设双主修和辅修等班级。例如，兰州大学高等教育研究院 2022 年 9 月就利用该院的教育与心理学科资源向全校推出了"教师职业发展""心理健康教育与咨询"等多个微专业。①

三是打破教师的院系和专业隶属，为跨学科教学与指导营造条件。推进教师从院系所有回归学校所有，从而打破学科与院系壁垒，促使教师根据跨学科教学与科研需要在校内多个学术单位受聘工作。在这个基础上，高校还应在校级层面统筹考虑教师的整体工作量并做好跨学科成果认定和职称评聘等相关配套制度设计，解除教师的后顾之忧。

总而言之，从 20 世纪 50 年代至今，世界一流大学人才培养模式已发生巨大转变，跨学科已成为这些大学组织属性、人才培养乃至科学研究的一个普遍特征，其中美国高校甚至早已将跨学科战略提高到了"跨学科军备竞赛"（Interdisciplinary Arms Race）的高度。习近平总书记指出："要用好学科交叉融合的'催化剂'，加强基础学科培养能力，打破学科专业壁

---

① 高等教育研究院．教师职业发展、心理健康教育与咨询微专业相关安排［EB/OL］．兰州大学高等教育研究院，2022-09-16.

垒。"① 要充分利用这个"催化剂"做好跨学科人才培养工作，就要通过传统而丰富的学科专业教育资源的充分共享，释放我国高校巨大的跨学科人才培养潜力，促进人才培养模式由学科专业单一型向多学科融合型转变。

---

① 坚持中国特色世界一流大学建设目标方向　为服务国家富强民族复兴人民幸福贡献力量 ［N］. 人民日报，2021-04-20（1）.

第五篇 **05**

教师教育与研究生教育

教师教育应走出师范教育的传统思路①

为了发展师范教育，为基础教育提供更多、更优质的师资，近些年我国先后出台了一系列政策，如旨在培养优秀教师，鼓励更多优秀青年长期从教的教育部直属师范大学师范生免费教育制度。2017 年，教育部教师工作司司长王定华还表示，要重点建设一批国家级师范教育基地，整体提升师范院校和师范专业办学水平。②

然而，这些制度设计似乎还是在围绕师范教育办师范教育，在师范教育的框架之内办师范教育。随着教师资格全国统考制度在我国全面推行，我们应跳出就师范办师范的传统思路，在更为广阔的天地去办教师教育：一方面，无论是否是师范大学，是否是师范专业，皆可以成为教师教育的潜在资源。另一方面，只要这些大学和这些专业的学生心向教育、志在教育，都可以通过教师资格考试制度，进入教育领域，从事教育行业。

对此，大学需要做的是，为这些群体提供教师教育方面的服务，让非师范生能够胜任教师工作，如建立"专业+教育"的双学位、双主修或主

---

① 2017 年 9 月 20 日发表于"高校教育管理"微信公众号"本周话题"栏目。
② 教育部举行第 33 个教师节宣庆工作等情况发布会［EB/OL］. 中华人民共和国国务院新闻办公室，2017-09-01.

辅修人才培养模式，提供教师资格考试知识与技能辅导等。而国家和社会需要做的是，通过增加教师工资、提升教师社会地位等手段，增加教师职业的吸引力。当教师职业缺乏吸引力的时候，师范生也未必会从事或长期从事教师工作，如 2011 年首届免费师范生毕业前夕，一项调查结果显示仅有 31.9%的免费师范生愿意从事教师职业，其中一个重要原因就在于工资待遇低，生存压力大。① 反之，当教师职业有吸引力的时候，非师范生往往也会涌向这一职业。

总而言之，提升教师职业的吸引力是教师教育发展的根本。只有解决了这一首要问题，无论是增强师范生发展内驱力、提升现有的师范教育水平，还是跳出师范办师范、健全教师教育体系，才有坚实的基础和有力的保障。

①　谢湘. 谁为免费师范生解未来之忧［N］. 中国青年报，2014-09-16（3）.

发挥综合性大学资源优势，
推进教师教育体系建设①

"百年大计，教育为本。教育大计，教师为本。"教师作为立教之本、兴教之源，是教育发展的第一资源。党的十八大以来，以习近平同志为核心的党中央高度重视教师队伍建设，始终把加强教师队伍建设作为建设教育强国最重要的基础工作来抓。作为我国开放教师教育体系的重要组成部分，综合性大学参与教师教育已成为当前我国教师教育的现实特征，"师范院校+综合性大学"双主体共同举办教师教育的格局已经形成。如何在综合性大学办好教师教育，事关我国教师教育的整体质量。作为具有深厚师范教育底蕴和鲜明教师教育特色的地方综合性大学，湖南科技大学历来坚持以高素质专业化创新型卓越教师培养为导向，注重发挥综合性大学资源优势，全面推进教师教育体系建设。

一、坚守师范教育传统，完善综合性教师教育学科体系

《国务院关于加强教师队伍建设的意见》（国发〔2012〕41 号）要求

---

① 以《综合性大学学术性和师范性如何相互滋养》为题发表于《中国教育报》2022年 4 月 18 日第 6 版，与李海萍教授合作，刊发时内容有所删改。

"构建以师范院校为主体、综合大学参与、开放灵活的中小学教师教育体系"。就综合性大学参与教师教育而言，我国高校当前主要有扩张型与合并型两种发展模式。部分师范院校通过独立升格或者合并组建为综合性大学后，教师教育体系在相当大程度上会被保留，教师教育传统、体系及资源在一段时间内可能也会继续存在。然而，综合性大学的教师教育体系能否进入学校的后续发展战略和整体布局，取决于学校办学定位等多种因素，学校应当高度重视。

2003 年，原湘潭师范学院和原湘潭工学院合并组建湖南科技大学，并先后获批"教育硕士"专业学位授予权、教育学硕士学位一级学科授予权。学校党委、行政一致认为，发挥传统优势、突出师范特色，把教师教育做强、做精，是办学的历史传承、理性坚守和战略选择。基于这一共识，学校以学科评估和博士学位点培育为契机，持续强化教育学科在学科建设中的重要地位，不断彰显教育学院在教师教育体系中的基础地位、支撑作用和引领效应。

与师范院校不同，综合性大学教育学科一般体量较小，学科布局较窄，缺乏基础教育的研究和积累，但同时学校又具备师范院校所不具备的学科专业相对齐全的优势。因此，在发展路径上，学校跳出就教育学科办教育学科的传统思路，有机整合全校资源，完善"教育学科+教师教育学科"的综合性教师教育学科体系。

一是在管理机制上，建立专门机构统筹教师教育资源。为形成教师教育办学合力，促进教师培养、培训、研究和服务一体化，学校成立了教师教育领导小组，着力推进教师教育资源的内部整合和学科融合。自 2004 年获批教育硕士专业学位授予权以来，学校明确教育硕士由教育学院归口管理，构建、实施校（研究生院）—院（教育学院）—专业领域（教师教育学科所在学院）"三级联动管理模式"。研究生院作为职能部门负责日常工作协调和培养过程监控，教育学院负责培养环节实施与导师队伍建设，各专业领域负责方向课教学及学位论文指导。从实效看，这种模式以教育硕士为抓手，有力协调、整合了全校的学科教学团队力量，在教育硕士专业学位研究生教育中发挥了积极作用。

二是在平台建设上，积极利用综合性大学资源优势打造跨学科教育科研平台。"教育问题涉及面广、参与方多、复杂度高，要坚持系统和协调的方法论，健全跨部门、跨机构、跨学科的协同创新机制，构建教育科研的矩阵结构。"[①] 为此，学校先后整合教育学、管理学、计算机等多学科力量成功申报湖南省"十三五"教育科学研究基地（教育体制机制改革）、湖南省"十四五"教育科学研究基地（教育治理体系与治理能力现代化）、湖南省"十四五"教育科学研究基地（教育信息化）等多个科研平台。

三是在协同创新上，鼓励共建跨学科、跨领域的科研创新团队，开展多学科联合攻关。《教育部关于加强新时代教育科学研究工作的意见》（教政法〔2019〕16 号）要求："推进研究范式、方法创新，推动跨学科交叉融合"。2019 年，学校组织教育学、地理学和计算机等多学科力量成功申报交通运输部横向课题"基于路网与遥感技术的乡村'两类学校'布局研究"，立项经费 100 万元。该课题立足扶贫攻坚和乡村振兴时代背景，聚焦农村学校的空间分布及其评估、农村学校均衡发展状况调查与评估、农村学校均衡发展状况可视化系统研发、基于路网和教育均衡发展状况的农村学校规划布局研究等内容，旨在为我国新时代乡村"两类学校"的布局调整和新建学校的选址论证提供科学依据。

---

① 田学军. 加强新时代教育科学研究 加快推进教育现代化［J］. 教育研究，2019（5）：4-9.

二、发挥门类齐全优势，打造综合性教师教育专业集群

专业是人才培养的基本单位或组织形式。尽管非师范专业毕业生也可通过教师资格证考试进入教师队伍，但师范毕业生仍然是中小学教师的主要来源。目前，学校 98 个本科专业覆盖 11 个学科门类，设有 20 个教学院及继续教育学院、国际教育学院、独立学院。

这种学科门类相对齐全的优势，为学校对接区域基础教育需求进行专业升级改造、打造教师教育专业集群提供了有力支撑。目前在本科层次，学校共有 17 个师范专业，覆盖中学 12 个教学科目，共有在校师范生 9000 余人（其中公费师范生 2000 余人）；在研究生层次，有教育硕士专业领域 14 个，在校生 900 余人。无论从覆盖的层次还是从涉及的学科来看，学校教师教育建制都较为完整，这也决定了我校虽无师范大学之名，却有师范大学之实。

此外，学校还积极推进"其他专业+教师教育专业"的主辅修和双学位制度。判断一所大学是否真正为综合性大学，学科是否齐全是一个尺度，但更重要的是能否"为所有学生提供一个综合性的教育平台，让各种学科的教育资源汇聚到一起，能够为所有学生享用"①。学校一方面致力于让教师教育专业的学生共享其他学科专业资源，另一方面也为其他学科专业学生修读教师教育专业提供渠道。2020 年，学校出台《湖南科技大学本科辅修专业与学位管理办法》，要求所有专业制定辅修及双学位专业课程设置与教学进程表，积极面向其他专业学生开放学习之门。从效果看，这一举措拓展了教师教育专业的受益面，让更多学生共享教师教育资源，增

① 别敦荣. 大学发展战略规划：我们的经验［M］//《北大讲座》编委会. 北大讲座（第十五辑）. 北京：北京大学出版社，2007：274.

加了未来教育事业的师资供给。同时，不同学科、专业领域的学生一起学习，气氛更加活跃，学科之间优势互补并产生耦合效应，实现了综合性大学学术性和师范性的相互滋养。

三、强化学科交叉融合，建构综合化教师教育课程体系

2014 年第 30 个教师节前夕，习近平总书记在考察北京师范大学时发表重要讲话，勉励广大教师做有理想信念、有道德情操、有扎实学识、有仁爱之心的好老师。① 就学识而言，学界的共识是教师要有广博的文化修养、扎实的学科知识和专门的教育科学知识。这种复合型、多元化的素质结构，决定了高校要建构综合化的教师教育课程体系，从而为培养目标提供有力支撑。

为适应基础教育改革发展需要，学校参照《教师教育课程标准（试行）》《普通高等学校师范类专业认证办法》及三类认证标准监测指标，优化师范专业的教师教育课程结构，构建了公共基础课程、学科专业课程、教师教育课程比重适当、结构合理、理论与实践深度融合的课程体系，坚持培养综合素质全面、专业基础扎实、实践能力卓越，适应基础教育需要的教育科学复合型专门人才。

与大多数师范院校分学院主导教育硕士培养不同，学校通过归口管理，努力加强师范性与学术性深度融合，力求使学生在夯实教育理论基础的同时，具备牢固的学科知识、学科教学及其研究能力。依据全国教育专业学位研究生教育指导委员会的指导性意见，学校全面修订教育硕士培养方案，除"教育原理""课程与教学论""教育研究方法"等规定性课程

---

① 彭波．习近平在北京师范大学考察［EB/OL］．中国共产党新闻网，2014-09-10.

之外，还增设了"×××学科研究前沿""基础教育改革与发展专题""案例分析及实践操作"等相关教育理论课程，主要由教育学院负责；各学科的课程与教材研究、课程设计与实施等方向课由学科所在学院邀请来自基础教育一线的优秀中小学教师共同开设。

综合化的课程体系需要综合性的多学科资源支撑。学校充分利用综合性大学的多学科师资力量，积极推进跨学科、跨专业教学，如教育学院小学教育专业数学方向的课程"数学思想简史"由数学与计算科学学院的教师授课，教育学院的教育学、心理学和教育技术学师资则承担全校师范专业的专业基础课教学。

总而言之，综合性大学参与教师教育不仅是世界教师教育发展的共同趋势，也是新时代我国教师教育发展的内在需求。要办好教师教育，综合性大学必须同时做好综合与特色两篇大文章，在推进综合性大学建设的过程中，始终注重保持、弘扬教师教育特色。而在教师教育特色创建上，综合性大学应把"综合性"作为思考和实践的基点，打造具有综合性大学特征、充分利用综合性大学资源优势的现代教师教育体系，以高质量教师培养推进教育高质量发展。

专业认证真的可以重振师范雄风吗?①

国内某知名高等教育微信公众号于 2019 年 9 月 19 日推出了一篇题为《重振师范雄风! 专业认证的力量不可小觑》的文章,认为:"专业认证作为师范类专业内涵建设及发展的有力抓手,可以促使师范院校及专业参照标准自查与整改,推动教师教育改革与发展,重振师范雄风。"②

不可否认,专业认证是保障高等教育质量的重要手段,对师范类专业建设确有积极的促进作用。例如,一级认证定位于对师范类专业办学基本要求的监测,认证标准在经费保障、设施保障、资源保障等方面,对专业的支持条件提出了明确要求。这无疑有助于改善师范专业的办学条件。如果没有专业认证的外在压力,一些高校可能就不够重视师范专业的办学条件,采取凑合、将就的态度,导致办学条件多年没有变化。再如,对于师范专业人才培养质量如何,师范毕业生和中小学等用人单位应该最有话语权,然而一些高校长久以来关门办学,往往并不重视这方面的调研,从而一直处于"当局者迷"的状态,无法根据毕业生和用人单位的建议改善办

---

① 2019 年 12 月 7 日发表于"一读 EDU"。

② 麦可思研究. 重振师范雄风! 专业认证的力量不可小觑 [EB/OL]. 网易,2019-09-19.

学。但在师范专业认证指标中，"社会声誉"是一个重要的项目，因此在一定程度上将促使很多师范专业开启调研之路，了解实际的人才培养质量状况，以及教育教学一线对师范生素质结构的要求。

但是，师范类专业认证的作用是否大到足以"重振师范雄风"？作为地方院校师范专业的一名教师和教育研究者，本人对此并没有那么乐观。

一、专业认证理想很美好，但可能流于整材料、做材料

师范类专业认证的根本目的在于促进师范类专业的内涵建设及发展，然而不同于由第三方机构组织实施的工程教育认证，师范类专业认证是由教育部高等教育教学评估中心主管。而且，该认证也与资源配置等诸多切身利益相挂钩："认证结果为政策制定、资源配置、经费投入、用人单位招聘、高考志愿填报等提供服务和决策参考。"不仅如此，"通过第二级认证专业的师范毕业生，可由高校自行组织中小学教师资格考试面试工作"，而"通过第三级认证专业的师范毕业生，可由高校自行组织中小学教师资格考试笔试和面试工作"[①]。为此，参评的师范专业不得不对认证给予重视。

一方面，他们要围绕专业认证的指标体系全面整理材料，但认证材料繁多、复杂，容易出现全院系齐上阵整材料、全校到处要材料的"热闹"场景，耗费了师范专业教师与员工的大量时间和精力。另一方面，指标所要求的材料缺失，但参评院系又迫切希望通过专业认证，于是可能存在"补"材料的做法，导致最后提交的材料非常完整，但真实性却打了折扣。

如此耗费人力、物力的"整材料"式的专业认证究竟对师范专业的内

———————
① 见《普通高等学校师范类专业认证实施办法（暂行）》。

涵建设起了多大作用？经过认证，师范专业的人才培养到底起了多大变化？人才培养质量究竟有没有提高？对这些问题，我们无疑要打一个问号。

二、师范专业内涵建设及发展，根本靠办学主体的主动性

相比于外在的专业认证，师范专业自身主动性的发挥才是其建设与发展的根本。这种主动性从宏观到微观、从抽象到具体，至少表现在以下三个方面：

其一，师范专业人才培养的理想和情怀。为什么办师范专业，师范专业办学的终极理想是什么？办师范专业和办其他专业的意义一样吗？这一系列问题涉及师范专业的办学理想和情怀。没有这种理想和情怀，就难以有充分的办学主动性，也很难把师范专业办好。对此，习近平总书记曾指出："教育兴则国家兴，教育强则国家强"① "教师是立教之本、兴教之源"②。作为培养未来教师的主体，师范教育和师范专业何其重要不言自明。

其二，师范专业人才培养的顶层设计。师范生应该具备哪些核心能力，培养这些核心能力需要借助哪些课程与活动，这些课程与活动的先后次序如何，需要运行多长时间才能有效培养起相应的能力，等等，这一系列问题需要在师范专业人才培养之初就得到审慎考虑，并在培养过程中根据各方面的反馈加以改进。很明显，这种顶层设计无法由专业认证代劳，只能由师范专业办学主体自己去思考。

---

① 习近平谈教育发展：教育兴则国家兴，教育强则国家强 [EB/OL]. 中国共产党新闻网，2018-09-10.
② 习近平对教师队伍的殷切嘱托 [EB/OL]. 中国网，2019-09-10.

其三，师范专业教职员工对人才培养的投入。投入才有产出，用心才有收获。当师范专业的管理者和教师放在办学上的心思和精力非常有限，甚至志不在此的时候，师范专业的人才培养质量如何是可以想象的。遗憾的是，专业认证对此所能起到的监督和检查作用有限，而在科研主导的高校评价机制和教师评价机制之下，人才培养表面上高于一切而实际上退居二线的现实，不得不令我们忧虑。

三、能否重振师范雄风，根本上并不取决于师范教育本身

师范专业是为教育行业育人，师范教育是为教育一线而生。当前，我国师范教育之所以振兴程度不够，并不在于教育行业对于教师的需求减少了，而在于较之其他职业，教师职业的相对吸引力降低了，进而影响了师范教育的生存状态。换而言之，能否重振师范雄风并不取决于师范教育本身，而取决于教师职业吸引力的大小。

当教师职业缺乏吸引力的时候，师范毕业生未必会从事或长期从事教师工作——如 2011 年首届免费师范生毕业前夕，一项调查结果显示，仅有 31.9% 的免费师范生愿意从事教师职业。① 在这种情况下，师范教育也随之没有那么"吃香"，特别是在吸引高素质生源上难免乏力。也就是说，提升教师的职业吸引力才是发展师范教育、重振师范雄风的根本。但这一问题实际上已经超出了师范教育的范畴，是师范教育系统自身无法有力解决的。

因此，我们一方面要正视师范类专业认证的作用，采取有力措施避免师范类专业认证流于做材料而无实质性改革的问题；另一方面亦不可夸大

---

① 谢湘. 谁为免费师范生解未来之忧［N］. 中国青年报，2014-09-16（3）.

师范类专业认证的作用，更不应该把重振师范雄风的希望，单纯寄托在这种专业认证上，而应从党之大计、国之大计的高度，重视教育的作用，从"百年大计，教育为本""教育大计，教师为本"的高度，看待教师的作用，努力提升教师职业的吸引力，从而为我国成为教育强国和人力资源强国、实现中华民族的伟大复兴奠定扎实根基。

令人欣喜的是，2018 年 1 月，中共中央、国务院颁布了《关于全面深化新时代教师队伍建设改革的意见》（以下简称"《意见》"）。这是新中国成立以来党中央出台的第一个专门面向教师队伍建设的里程碑式政策文件。在《意见》中，中央明确了"教师职业吸引力明显增强""教师成为让人羡慕的职业"的新时代教师队伍建设改革目标，还为此从明确教师的特别重要地位、完善中小学教师待遇保障机制、大力提升乡村教师待遇、维护民办学校教师权益、推进高等学校教师薪酬制度改革和提升教师社会地位等方面，提出了"不断提高地位待遇，真正让教师成为令人羡慕的职业"的举措，让我们看到了深化教师队伍建设改革、振兴教师教育的希望。

取消硕士生强制发表论文，不可盲目跟风①

2021 年 3 月，清华大学对外公布了第 9 次校务会议修订的《攻读硕士学位研究生培养工作规定》，明确提出取消"非专业学位硕士生应至少完成一篇与学位论文内容相关且达到发表要求的论文"的规定，不把发表学术论文作为申请学位论文答辩或申请学位的前置条件。此规定一出就在网络上引发了诸多讨论，其中不乏赞成之声。

在笔者看来，全国高校是否都要紧随其后取消硕士研究生发表论文的规定，还是要弄清楚研究生教育的目标定位，并结合当下的时代背景和不同高校的实际条件，去看待"硕士生发表论文"这项规定在其中起到的作用。

近些年，伴随研究生大幅扩招，我国已成为研究生规模位居世界前列的教育大国。与此同时，研究生教育培养条件不足、培养过程粗放、培养质量不理想等问题也不断显现。个别研究生不会做研究、不会写论文甚至连论文的格式和规范都不熟悉。也就是说，时代背景发生了变化，研究生的总体规模、生源质量、求学动机、培养质量等都发生了系统性的变化，我们不能拿精英高等教育阶段的研究生教育状态来看待今天已经处于普及

---

① 发表于《浙江教育报》2021 年 4 月 19 日第 3 版，刊发时内容有所删改。

化高等教育阶段的研究生教育及其规定。

在这种情况下，要求硕士生发表论文，不只是单纯增加高校的科研产出，一个重要目的就在于将其作为强化科研训练的重要内容及借助学术期刊智慧和力量加强论文写作指导的重要途径。这对于提高研究生选题的创新意识、强化理论知识和研究方法的学习和使用、加强论文写作规范的掌握等都是有一定益处的，对于弥补研究生教育本身的缺位亦有一定的积极作用。与此同时，发表论文与培养质量是不冲突的。恰恰相反，如果培养质量过硬，发表论文应是高质量培养自然而然的产物或者副产品。

除了时代的变化，我们还需要注意不同高校在研究生的生源质量、培养条件和质量保障水平等方面存在很大差别。如果高校不顾自身条件而盲目跟风，很可能会给研究生培养质量带来消极影响。

2020 年 7 月召开的全国研究生教育会议明确提出，加强导师队伍建设，严格质量管理、校风学风，引导研究生教育高质量发展。会后，教育部、国家发展改革委、财政部三部门研究制定了《关于加快新时代研究生教育改革发展的意见》，进一步提出"全面从严加强管理，提升培养质量"。这都是结合当下研究生教育的阶段性特征所提出的新时代研究生教育改革发展的重要任务。对此，要求研究生发表论文是有积极作用的。归根结底，还是要看发表论文是否必要，从而做出取舍。

当然，对于强制硕士生发表论文而引发的问题也需要给予及时关注，例如某些高校只关注研究生发表了论文却不关注其发表刊物的水平，导致学生滥发论文而没有得到应有的锻炼；一些高校更是将论文发表与奖学金挂钩，导致学生将其视为赚取奖学金的重要手段……这些问题并非不可解决，高校各个学科可对本学科的正规刊物进行梳理，从而为研究生发表论文提供正确的指导。

第六篇

06

大学仪式与活动

大学毕业典礼够"格"的三条标准①

　　伴随着毕业季的来临，大学的毕业典礼也引起了很多人的关注，尤其是其中的某些特色环节或人物，往往能在短时间内引起人们的热议。近期，在河南大学毕业典礼上，该校教授程民生发表的毕业致辞火爆了网络。这篇致辞之所以受到很多人的喜欢，不仅因其诙谐幽默，而且因为于欢乐中自然而然地分享了自己的人生经验、表达了对学生未来的期许，接地气而又有"干货"。

　　进一步而言，毕业致辞是大学毕业典礼的重要环节。人们对这种毕业致辞的期待，也反映出他们对一场"走心"而难忘的毕业典礼的期待。然而，从现实情况看，虽然很多大学一直在举办毕业典礼，但很难说它们真正懂得如何去办毕业典礼，也很难说它们给学生带来了一场够"格"的毕业典礼。例如，很多毕业生反映他们当初就读的大学对毕业典礼不够重视，毕业典礼流于形式；以各种"讲话"为主，却无关键性的学位授予仪式；面向部分优秀学生，其他学生无缘参与……

　　在笔者看来，一场够"格"的大学毕业典礼至少需要达到三条标准。

---

　　①　发表于《中国科学报》2021 年 6 月 29 日第 7 版。

一、神圣庄重，契合大学作为学术机构的属性

大学是高深学府，是保存、研究与传播学术的文化机构。对此，我国著名教育家蔡元培曾说："大学为纯粹研究学问之机关，不可视为养成资格之所，亦不可视为贩卖知识之所。"[①] 而学术或学问又是神圣的，因为它代表着我们孜孜以求的真理。尊重学术、崇尚学术，就需要自觉营造神圣、庄重的典礼环境。

大学可以依托建筑营造这种典礼环境。建筑是大学精神的体现，一些大学的百年大礼堂提供了得天独厚的毕业典礼场所，学生一走进去，学术的神圣和崇高之感就自然而生。虽然并不是每所大学都有这样的建筑，但仍可以通过参与主体、相关背景以及礼乐等内容综合创设这种神圣、庄重的典礼环境：首先，出席毕业典礼的教师代表应更多的是从事教学科研工作的教师，尤其是学术造诣深厚、深受师生喜爱的"大家"，因为他们本身就是学术最好的象征；其次，毕业典礼现场的背景幕布、色彩灯光、师生的衣着打扮、言谈举止等要素也都应是庄重且斯文的，从而体现出对学术的敬意；再次，可充分发挥礼乐的作用，例如实施具有一定规则与要求而又充满仪式感的典礼流程，辅之以激昂雄壮的国歌和大气磅礴、激荡人心的校歌，营造出庄严肃穆的氛围，给予人强烈的心理感受。

二、富有教育意义，对学生产生思想和情感触动

毕业典礼是大学教育过程的重要部分，教育意义是其本质特性。然而，如果仅仅将其当成一项任务完成了事，这样的典礼是否能够发挥教育

---

① 高平叔. 蔡元培教育论著选［M］. 北京：人民教育出版社，2011：169.

作用是可想而知的。例如，有大学或学院的毕业典礼就是简单的"三部曲"——领导讲话、教师代表讲话、学生代表讲话，此后便宣布"毕业典礼到此结束"。这样不走心的毕业典礼很难引起学生的情感共鸣，更难以产生教育效果。

大学和学院应该思考如何通过学生毕业前的最后一场仪式，激发学生对于学术的敬仰、对教职员工以及家长的感恩、对母校的怀念，以及投身社会从而发挥自身价值、让这个社会因为自己而变得更加美好的理想与抱负，让他们既带着浓浓的不舍，又带着满满的力量离开学校、走向社会。例如，相比让学生到所在院系直接领取学位证，一些大学将毕业典礼与学位授予仪式合二为一，让学生在毕业典礼的舞台上，在师生员工甚至家长的注视下，由校长或资深教授亲自颁发学位证书，这是更具仪式感、更增学位证之学术分量与内涵的方式。再如，在笔者与学生的交流中，一些同学提到，他们特别希望自己喜欢的老师能在毕业典礼上给他们上"最后一课"，让他们重温一次作为学生上课的滋味，而且表示这一次他们肯定"认真"听。

三、面向全体毕业生，使每个学生都有参与感

受制场地容量等原因，一些大学仅仅选择了部分学生代表参加毕业典礼，然而毕业典礼的现场感受和体验是无法由别人代替的，而且每个学生都有参加毕业典礼的权利，他们也不可以"被代表"。毕业典礼仅仅面向部分学生，不仅是对其他学生的不公平，也无法使所有学生都感受到这场仪式所带来的教益。因此，理想的毕业典礼是面向全体毕业生的——每个学生都可以在现场找到自己的位置；每个学生都可以在现场齐唱国歌、校歌；每个学生都可以从典礼上宣读的学位授予决定中听到自己的名字；每

个学生都可以走上讲台，由校长或资深教授亲自拨流苏、颁发学位，还可以与他们单独交流、留影乃至拥抱。

　　作为我国人文氛围浓厚的高校之一，厦门大学的毕业典礼就很好地体现了以上三个特性。以该校 2019 年的毕业典礼为例，为了让 8700 名毕业生都能参与毕业典礼，厦门大学于当年 6 月 22 日至 23 日先后举办了四场毕业典礼。出席会议的不仅有校领导，还有文理科相关领域的学术大家。从内容上看，不仅有校长的毕业致辞，还有毕业生们集体宣誓，表达秉承爱国底蕴、弘扬"南强"精神，勇于创新、勇当栋梁的态度和决心，以及全体毕业生起立，在《感恩的心》的歌声中，向教师代表，学校从事实验室、图书馆、行政管理以及后勤服务的工作人员代表，毕业生家长和亲友鞠躬致谢等环节。①

　　需要指出的是，毕业典礼并非只有学校才可以举办，学院一级也可以举办。尤其是在学校一级不举行毕业典礼或者办不出有情怀的毕业典礼的情况下，学院完全可以有所作为。而且，因为规模小，学院一级的毕业典礼内容可以更加丰富，形式可以更加多样，例如在仪式前，可以循环播放全体学生的照片，展示他们的青春与风采；在仪式中，全体教师出席并逐一向同学们言说寄语，送上回忆与祝福。同时，学生也可以在毕业典礼上通过视频、书信等方式对老师表达感恩，诉说对老师的爱。此外，学院还可以准备具有学校或学院特色的纪念品并在典礼上亲自递到学生手中。

　　总之，一场好的毕业典礼充满情怀，也会让人热泪盈眶。当然，从一场"鸡肋"典礼升格为一场难忘而又富有教育意义的"金牌"典礼是十分

---

　　①　曹熠婕 . 学校举行 2019 届毕业典礼［EB/OL］. 厦门大学校友总会，2019-06-28.

困难的，它高度考验一所大学的教育责任、人文关怀和文化品位。然而，当一所大学有意识地举办一场令学生难忘的毕业典礼的时候，这样的典礼离我们也就不远了。

为何有些录取通知书不够"高大上"①

近期，随着高校招生录取工作的推进，考生们陆续收到了来自全国各地的录取通知书。然而在收到通知书后，有些同学却向笔者表达了一种失望之情——录取通知书看起来太"差劲"了。在失望的同时，他们内心更是不解：同样是录取通知书，为什么别人家的大学能将通知书设计得那么"高大上"，其中的差距为何如此之大？

作为曾经的大学生和今天的大学老师，笔者认为至少有以下几点原因。

第一是思想与观念上的轻视。通知书只是薄纸一张，供通知录取和新生报到使用，只要信息无误，就能发挥其实际作用，好不好看、是否"高大上"并没有那么重要。这就导致一些大学并没有把通知书的精致与否当回事。但实际上，通知书关乎学校形象。好的通知书能给人良好的第一印象，甚至令人产生高度的学校认同。一些学生可能还会因为某个大学的通知书而对其产生向往。反之，一张普普通通，甚至还有点"差劲"的通知书，则可能直接导致学生对学校产生不良印象。换言之，学生对大学很多

---

① 发表于《中国科学报》2021年7月27日第7版。

美好的想象，既可能被一张简单应付了事的"纸张"打击，也可能被一张或精致、或厚重、或特别的"作品"增强。

第二是大学格局与审美的投射。一所大学的精致是具有整体性的，如果大学精致，必然在多方面表现出精致，特别是当精致已经成为一种整体文化与精神时，其格局与审美会投射到学校的方方面面，包括通知书。反之，一所不精致的大学，其审美、品位、格局等早已固化，在某一方面表现出精致都是一种奢侈。① 需要说明的是，这种整体性不能简单地与大学水平直接挂钩。虽然清华大学、武汉大学等很多名校的通知书获得了普遍好评，但亦有一些"双一流"高校的通知书制作得很一般。

第三是决策与执行主体的错位。任何一所大学都会有审美素养较高，且希望能把通知书做得更加精致的人。然而遗憾的是，有想法的人往往并不具有决策权，反之，有决策权的人可能又没这方面的意识和能力。决策与执行主体的错位还带来了责任分散的问题，即通知书看似与大学多个部门有关，然而最后却没有一个人能完全承担责任，甚至还会出现相互推卸责任的问题——设计者和决策者都觉得通知书做得不好的责任在于对方。

第四是求稳与标新立异的冲突。通知书早已有之，如果之前的版本制作一般，想进行重新设计就要挑战过去，这也就意味着很可能承受别人异样的目光，甚至还会遭到他人非议。不仅如此，设计一个新的通知书往往不是那么容易，可能做出来的东西并不尽如人意。如此一来，可谓吃力不讨好。在这种情况下，按照过去传统方式做无疑是最为保险的。于是，安于通知书的现状而不愿意改变的问题自然就出现了。

第五是额外成本付出与不可承受之重。设计新通知书需要付出额外成

---

① 张晓报. 论精致的大学［J］. 教育与考试，2020（1）：65-71.

本，包括经济成本、时间与精力成本等。其中，经济成本对于大学而言一般都能承受，但当前在高度内卷化的时代背景下，很多大学无论是教学科研人员还是行政人员，几乎都忙得不可开交，很难有精力再去做这种"锦上添花"的事。此时，利用往年的模板打印好相关信息（如收信地址）的方式当然最为省时、省力。这也是为什么一些学生抱怨大学和相关人员"什么都按部就班，不愿意付出精力"的重要原因。

第六是变革创新与路径依赖的制约。路径依赖理论揭示，初始的体制选择会形成一种惯性，这种惯性会强化现存体制、巩固现有制度，阻碍进一步的变革。① 也就是说，不管制度是否合理，但因其具有强大的惯性，往往会一直持续，所以最初的设计很关键。在此情况下，最初设计的质量就尤为重要。事实上，无论是大学的建筑还是通知书，最初的风格都奠定了现在的基础。所以说，前人用心，后人乘凉；前人不用心，后人要"背锅"。

当下，高等教育正处于逐渐从"卖方"市场向"买方"市场转变的时代，大学需要积极宣传自我，增加自身的吸引力。从不用心、没品位的通知书到"高大上"的通知书就要打破路径依赖，需要对通知书的重要性有充分共识，需要大学以其格局与审美为根基，需要关键人物做出努力，更需要发挥大学全员的智慧。

行文至此，笔者有三点感受。其一，对于通知书的设计，笔者本以为是一件非常稀松平常之事，没想到它那么重要，学生会那样在意；其二，笔者本以为设计一份"高大上"的通知书是一件很容易做到的事情，却没想到背后有这么多困难；其三，本文虽然说的是通知书不够"高大上"的

---

① 吴敬琏. 何处寻求大智慧［M］. 北京：生活·读书·新知三联书店，1997：355.

成因，但似乎当前大学很多问题背后都有这些逻辑，比如，笔者就曾针对大学毕业典礼发表过类似观点（详见前文）。换言之，无论是通知书还是毕业典礼，要想做到"高大上"，都需要克服以上问题。

　　据学生说，他们会向其报考的学校反映，期待通知书不够"高大上"的问题能够有所改善。笔者也相信，当这一问题得到解决的时候，大学生态也将得到整体性和基础性的改善。

主要参考文献

一、专著

[1] 阿什比.科技发达时代的大学教育 [M].滕大春，滕大生，译.北京：人民教育出版社，1983.

[2] 眭依凡.学府之魂：中外著名大学校长教育理念 [M].南昌：江西教育出版社，2001.

[3] 朱清时.21世纪高等教育改革与发展——国外部分大学本科教育改革与课程设置 [M].北京：高等教育出版社，2002.

[4] 刘道玉.一个大学校长的自白 [M].武汉：长江文艺出版社，2005.

[5] 陈洪捷.德国古典大学观及其对中国的影响 [M].北京：北京大学出版社，2006.

[6] 杨德广，谢安邦.高等教育学 [M].北京：高等教育出版社，2009.

[7] 潘懋元.高等教育学讲座 [M].广州：广东高等教育出版社，2010.

[8] 高平叔.蔡元培教育论著选 [M].北京：人民教育出版

社，2011.

[9] 曾文彪. 校长钱伟长 [M]. 上海：上海大学出版社，2012.

[10] 张楚廷. 人论 [M]. 重庆：西南师范大学出版社，2015.

[11] 付守永. 工匠精神：向价值型员工进化 [M]. 北京：中华工商联合出版社，2015.

[12] 梅贻琦. 大学的意义 [M]. 苏州：古吴轩出版社，2016.

[13] 张楚廷. 漫漫人生路：教育与我 [M]. 重庆：西南师范大学出版社，2017.

[14] 张晓报. 美国研究型大学跨学科人才培养模式研究 [M]. 长沙：湖南师范大学出版社，2018.

二、学位论文

[1] 邹晓东. 研究型大学学科组织创新研究 [D]. 杭州：浙江大学，2003.

[2] 常亮. 高校课程资源共享问题研究 [D]. 厦门：厦门大学，2008.

[3] 常思亮. 大学课程决策研究 [D]. 长沙：湖南师范大学，2010.

[4] 项伟央. 高校跨学科组织中的教师聘任制度研究 [D]. 上海：复旦大学，2011.

三、期刊论文

[1] 梅贻琦. 大学一解 [J]. 清华大学学报（自然科学版），1941（00）.

[2] 刘伟林. 充分认识教师的社会地位和劳动价值 [J]. 高教探索，

1985（3）.

[3] 叶绍梁 . 学位的概念及其与研究生教育关系的辨析［J］. 学位与研究生教育，1999（5）.

[4] 张应强，康翠萍，许建领，等 . 大学管理思想现代化研究［J］. 高等教育研究，2001（4）.

[5] 别敦荣 . 论大学本科弹性教学［J］. 现代大学教育，2001（5）.

[6] 谢作栩 . 马丁·特罗高等教育大众化理论述评［J］. 现代大学教育，2001（5）.

[7] 计旭东 . 大学建筑文化特色的建设与思考［J］. 中国高等教育，2001（23）.

[8] 田建荣 . 学业成绩考试：高校教学过程的重要环节［J］. 厦门大学学报（哲学社会科学版），2002（2）.

[9] 别敦荣 . 美国大学教育观察［J］. 中国大学教学，2002（12）.

[10] 周川，蔡国春，王全林，等 . 院校研究：高等教育研究的新领域［J］. 高等教育研究，2003（3）.

[11] 菲利普·G. 阿特巴赫，覃文珍 . 世界一流大学的成本与收益［J］. 北京大学教育评论，2004（1）.

[12] 刘亚敏，胡甲刚 . 跨学科人才培养的制约因素探讨［J］. 中国高教研究，2004（3）.

[13] 鲍嵘 . 美国学科专业分类系统的特点及其启示［J］. 比较教育研究，2004（4）.

[14] 陈捷 . 论大学建筑文化对大学生的教育功能［J］. 高等建筑教育，2005（3）.

[15] 李喜婷 . 杜绝学术腐败必须建立健全机制［J］. 编辑之友，2005

（6）．

[16] 张新科．彰显现代高等教育办学理念的德国大学建筑 [J]．南京理工大学学报（社会科学版），2005（6）．

[17] 蔡国春．"院校研究"是什么，不是什么——解读美国"院校研究" [J]．比较教育研究，2005（11）．

[18] 钟秉林．现代大学学术权力与行政权力的关系及其协调 [J]．中国高等教育，2005（19）．

[19] 张应强．把大学作为学术组织来建设和管理 [J]．中国高等教育，2006（19）．

[20] 居安平，傅祖浩．环境育人与泡菜理论 [J]．科学与管理，2007（1）．

[21] 周济．大学发展与科学管理 [J]．中国高等教育，2007（5）．

[22] 杨显贵，张昌民．精细化管理与大学管理精细化 [J]．上海管理科学，2008（2）．

[23] 曾文彪．钱伟长教育思想对上海大学发展的作用及启示 [J]．高校教育管理，2008（6）．

[24] 杨宁．抗战时期的南方之强——厦门大学在长汀 [J]．福建党史月刊，2008（8）．

[25] 王少安．大学环境文化及其育人功能 [J]．中国大学教学，2008（12）．

[26] 刘小强．美国本科教育"个人专业"的启示 [J]．中国高教研究，2009（7）．

[27] 邬大光．大学与建筑 [J]．教育研究，2009（12）．

[28] 潘懋元．高等教育发展趋势座谈录 [J]．大学教育科学，2010

(1).

[29] 王革，刘乔斐.加强大学学术生态建设的路径分析 [J].中国高教研究，2010 (3).

[30] 陈永明.教师社会地位：虚像还是实像 [J].集美大学学报（教育科学版），2010 (3).

[31] 王健.发达国家教师社会地位演进及其启示 [J].集美大学学报（教育科学版），2010 (3).

[32] 项伟央，刘凡丰.美国大学"双聘制"的困境与密歇根大学的实践 [J].教育发展研究，2010 (5).

[33] 卢晓东.本科专业划分的逻辑与跨学科专业类的建立 [J].中国大学教学，2010 (9).

[34] 邬大光.世界一流大学解读——以美国密歇根大学为例 [J].高等教育研究，2010 (12).

[35] 谈小嫱，漆丽萍，卢晓东.专业自主选择与跨学科专业建构的实践——以北京大学元培学院为例 [J].中国高教研究，2011 (1).

[36] 张伟，赵玉麟.大学跨学科研究系统建构及其对我国大学的启示 [J].浙江大学学报（人文社会科学版），2011 (6).

[37] 毕宪顺，赵凤娟，甘金球.教授委员会：学术权力主导的高校内部管理体制 [J].教育研究，2011 (9).

[38] 鲁武霞.高校教师激励机制创新研究——以高校教师的需求为视角 [J].教育理论与实践，2011 (9).

[39] 求知，姜帅.深泉学院："神秘"的"牛"校 [J].教育与职业，2012 (4).

[40] 王文华.提升大学教师学术权力的对策研究 [J].辽宁师范大

学学报（社会科学版），2013（3）.

[41] 姜天海，郑千里. 中国科大掌门人侯建国：走向世界一流大学的"变"与"不变"[J]. 科学新闻，2013（11）.

[42] 刘宇文，刘建佳，夏婧. 学术忠诚的哲学审视 [J]. 高等教育研究，2014（5）.

[43] 高阳. 深泉学院深几许？[J]. 天津政协，2014（9）.

[44] 雷泓霈. "盖房养牛"何以成为美国名校功课 [J]. 教育与职业，2014（22）.

[45] 孙雷. 一流大学需要一流后勤 [J]. 中国高等教育，2015（21）.

[46] 刘海峰. 美国深泉学院：世界高等教育的奇迹 [J]. 江苏高教，2016（1）.

[47] 张晓报. 论美国研究型大学跨学科人才培养理念 [J]. 高等理科教育，2016（2）.

[48] 程莹，杨颉. 从世界大学学术排名（ARWU）看我国"985工程"大学学术竞争力的变化 [J]. 评价与管理，2016（3）.

[49] 郭德红. 建设"双一流"重在培育追求真理的学术精神 [J]. 北京教育（高教），2016（3）.

[50] 孙朝靖. 纳恩教育思想与深泉学院 [J]. 世界文化，2016（3）.

[51] 刘兴友. 以学生学业为核心的美国大学教育服务体系及启示 [J]. 世界教育信息，2016（4）.

[52] 邬大光，滕曼曼，李端淼. 大学本科毕业率与高等教育质量相关性分析——基于中美大学本科毕业率数据的比较分析 [J]. 高等教育研

究，2016（12）.

[53] 阎琨，李莞荷，林健.世界一流大学特征研究——基于全球大学排名的实证分析［J］.高等工程教育研究，2017（1）.

[54] 王洛忠，陈江华.服务与支持：英国里丁大学学生事务管理体系探微［J］.教育研究，2017（2）.

[55] 刘磊，罗华陶，仝敬强.从 ARWU 排行榜看我国高校与世界一流大学的学术竞争力差距［J］.高校教育管理，2017（2）.

[56] 张晓报.独立与组合：美国研究型大学跨学科人才培养的基本模式［J］.外国教育研究，2017（3）.

[57] 陈乐.美国深泉学院的"参与式"教育及其启示［J］.高等教育研究学报，2017（3）.

[58] 李立国."双一流"背景下需求导向的学科专业调整优化［J］.大学教育科学，2017（4）.

[59] 张晓报.我国高校跨学科人才培养面临的困境及突破——基于理念、制度和方式的分析［J］.江苏高教，2017（4）.

[60] 朱永东，张振刚.联合聘任制：密歇根大学的探索与实践［J］.高等工程教育研究，2017（4）.

[61] 郭德红.美国研究型大学跨学科课程开发的经验与启示［J］.中国高校科技，2017（5）.

[62] 张晓报，陈慧青.我国高校双学位教育的困境与出路［J］.黑龙江高教研究，2017（11）.

[63] 杨书超.新时代下大学生"慢就业"的辩证分析［J］.中国大学生就业，2017（24）.

[64] 周杨.内涵式发展要在专业、课程、教学上下功夫——访厦门

大学潘懋元先生 [J]. 中国大学教学, 2018 (1).

[65] 焦磊. 国外知名大学跨学科建制趋势探析 [J]. 高等工程教育研究, 2018 (3).

[66] 别敦荣. 论高等教育内涵式发展 [J]. 中国高教研究, 2018 (6).

[67] 朱永东. "双一流"高校要重视跨学科学术组织建设——基于美国研究型大学跨学科学术组织管理模式的分析 [J]. 研究生教育研究, 2018 (6).

[68] 饶燕婷. 美国高校专业设置及调整机制研究 [J]. 大学 (研究版), 2018 (11).

[69] 潘懋元, 贺祖斌. 关于地方高校内涵式发展的对话 [J]. 高等教育研究, 2019 (2).

[70] 岳海洋. 新时代加强高校劳动教育的价值意蕴与实践路径 [J]. 思想理论教育, 2019 (3).

[71] 田学军. 加强新时代教育科学研究 加快推进教育现代化 [J]. 教育研究, 2019 (5).

[72] 张晓报. 美国研究型大学跨学科专业教育的实践及启示 [J]. 高校教育管理, 2019 (5).

[73] 别敦荣. 大学课堂革命的主要任务、重点、难点和突破口 [J]. 中国高教研究, 2019 (6).

[74] 胡万山, 周海涛. 提升高校教师"金课"建设效能 [J]. 现代大学教育, 2019 (6).

[75] 张晓报. 论精致的大学 [J]. 教育与考试, 2020 (1).

[76] 张晓报. 跨学科专业发展的机制障碍与突破——中美比较视角

[J]. 高校教育管理, 2020 (2).

[77] 张晓报, 杨梦杰. "三维"视角下跨学科人才培养的实现因素解读——以北京大学为例 [J]. 高等理科教育, 2022 (5).

[78] SPELT E J H, BIEMANS H J A, TOBI H, et al. Teaching and Learning in Interdisciplinary Higher Education: A Systematic Review [J]. Educational Psychology Review, 2009 (21).

四、报纸文章

[1] 邬大光. 本科教育需要更深入更全面的改革 [N]. 科学时报, 2008-08-19 (8).

[2] 邓晖. 学术休假能否带来"从容治学" [N]. 光明日报, 2012-05-29 (5).

[3] 邬大光. 大学与建筑的随想 [N]. 光明日报, 2014-04-28 (16).

[4] 铁永功. 假如在中国办一所深泉学院 [N]. 新华每日电讯, 2014-05-23 (16).

[5] 刘海峰. 深泉学院给国内教育的启示 [N]. 光明日报, 2014-05-28 (2).

[6] 高校教师薪酬调查课题组. 透视高校教师收入分配现状 [N]. 中国教育报, 2014-06-09 (13).

[7] 谢湘. 谁为免费师范生解未来之忧 [N]. 中国青年报, 2014-09-16 (3).

[8] 刘长锁. 环境化人, 美育育心 [N]. 光明日报, 2015-11-24 (15).

［9］储召生．跨学科教育：一流本科的必然选择［N］．中国教育报，2016-05-23（5）．

［10］温才妃．北京大学发布双学位/辅修新政［N］．中国科学报，2017-04-11（6）．

［11］陈先哲．重识大楼之谓与大师之谓［N］．光明日报，2017-05-02（13）．

［12］汪志球．大学之大不在校园［N］．人民日报，2017-06-07（5）．

［13］朱昌俊．隐形资助体现大学人文关怀［N］．光明日报，2017-07-21（2）．

［14］刘海峰．美国深泉学院：一个世纪的坚持［N］．中国科学报，2017-07-25（5）．

［15］吴岩．教育部高教司长：对不起良心的专业应该停办了［N］．中国青年报，2018-11-05（4）．

［16］邬大光．本科教育基因六大特征解析［N］．光明日报，2018-11-27（13）．

［17］高耀．本科专业调整是适应时代新需求［N］．中国教育报，2022-07-07（2）．

［18］陈彬．试点20余年 大学"插班"能否突破"时空盲区"［N］．中国科学报，2023-05-16（4）．

五、网络文献

［1］杨国栋．高校后勤服务外包让学生很受伤［EB/OL］．东南网—福建官方新闻门户，2010-10-08．

［2］耶鲁校长点评中国留学生缺少批判性思维［EB/OL］.教育—人民网，2011-06-02.

［3］许纪霖.一流的学术成果不是项目而是闲暇的产物［EB/OL］.搜狐网，2016-01-18.

［4］白彤东.中美教师待遇之比较［EB/OL］.搜狐网，2016-04-02.

［5］文双春.大学能否一流，看教授追求什么［EB/OL］.科学网—博客，2016-05-30.

［6］彼得·迪奇克斯.麻省理工学院经久不衰的秘密［EB/OL］.搜狐网，2017-05-04.

后　记

2019 年 9 月，我进入北京师范大学国际与比较教育研究院从事博士后研究工作。从那时至今，我基于以往的研究、日常的思考陆续在《中国科学报》《中国教育报》等报刊以及《教育文摘周报》（中国教育科学研究院主办）、"一读 EDU"等公众号，发表了三十余篇小文章。

这些文章集中论述的是 2019 年以来我国高等教育在"大学与大师""大学学科与专业建设""大学课程、教学与学习""跨学科人才培养模式与机制""教师教育与研究生教育""大学仪式与活动"六个领域改革与发展的现实问题，这正是本书以《新时代高等教育改革与发展问题研究》为题的缘由。

本书主要由一篇篇短小的文章汇集而成。这些小文章短则不到一千字，长则六千字出头。超过 90% 的文章篇幅在五千字以下，超过 70% 在四千字以下，超过 40% 在三千字以下。虽然每篇稿子基本上都在千字以上，但相比于一般的学术论文却要短得多。从我自身而言，这种短平快的文章是及时而精炼地表达自己所思所想的重要方式。写这些小文章，没有太大的压力，心态上更加自由，相比之下也有趣得多。从读者来看，这本由短论汇集而成的书稿可能没有那么系统，但却胜在读起来轻松，在内容上可能也有点发现、思考和思想。

本书的完成可以说是无心插柳柳成荫，总体而言是日常思考的"副产品"。前期，我不否认有借此谋生计的想法，但后期主要把它当成表达和分享自己思考的一个机会。这里面很少有命题作文，基本上先有思考或兴趣，而后再写成了文稿，并非为了写稿子而刻意去写。这样的写作，在科研压力大与职称晋升难的时代，无疑是幸福的。

感谢北京师范大学提供的平台和契机！这些文章的写作主要始于2019年9月我到北师大进站从事博士后研究工作之后，也基本完成于博士后在站期间。可以说，这些文章伴随着我的整个博士后工作阶段，本书因此也可以视为我博士后在站期间的一项成果。

感谢余小波教授在百忙之中为本书作序！余老师是我的硕导，是他引领我走上学术道路并且多年来一直关心、支持我的学术成长，给予我非常大的前行力量。感谢余老师在序言中对我的进一步指导与鼓励！

感谢《教育文摘周报》主编马延伟老师、"一读EDU"原编辑许路阳老师、《中国科学报》陈彬老师、《中国教育报》刘亦凡老师、《中国社会科学报》王禧玉等诸位编辑老师！正因为他们的支持和鼓励，这些小文章才能顺利发表，而他们的费心编辑也为这些文章增色不少。

感谢光明日报出版社以及我指导的研究生雷攀同学在编辑和校对文稿过程中付出的辛劳！

张晓报

2023年8月26日

写于湖南科技大学敏行楼A222